黑龙江省"十四五"职业教育规划教材

武器使用

WUQI SHIYONG

田　莉　杨　雷
钱志鹏　吕　明　编著
刘宏伟　王　皓

哈尔滨工业大学出版社
HARBIN INSTITUTE OF TECHNOLOGY PRESS

内 容 简 介

本书是一本适用于公安院校的校本教材。作者通过大量搜集、研究国内外的资料,经过大量实践,结合我国现状及东北地区特点,比较系统地介绍了手枪和长枪使用的相关内容。书中讲解的所有武器、动作,皆以实战为出发点,旨在给公安院校学生及民警的训练、执法带来帮助。

图书在版编目(CIP)数据

武器使用/田莉,杨雷,钱志鹏,吕明,刘宏伟,王皓编著.—哈尔滨:哈尔滨工业大学出版社,2022.8(2025.1重印)

ISBN 978-7-5603-9885-3

Ⅰ.①武… Ⅱ.①田… Ⅲ.①警察-武器-使用-中国-教材 Ⅳ.①D631.15

中国版本图书馆 CIP 数据核字(2021)第 273235 号

HITPYWGZS@163.COM
13936171227

策划编辑	李艳文 范业婷
责任编辑	孙 迪
出版发行	哈尔滨工业大学出版社
社　　址	哈尔滨市南岗区复华四道街10号 邮编150006
传　　真	0451-86414749
网　　址	http://hitpress.hit.edu.cn
印　　刷	黑龙江艺德印刷有限责任公司
开　　本	787毫米×1092毫米 1/16 印张 11 字数 276 千字
版　　次	2022年8月第1版 2025年1月第2次印刷
书　　号	ISBN 978-7-5603-9885-3
定　　价	38.00元

(如因印刷质量问题影响阅读,我社负责调换)

前　　言

在当今的社会环境下，人民警察作为直接和各类犯罪行为做斗争的执行者，时刻面临着生死考验。在执法过程中，其激烈程度仅次于军事斗争，随时随地面临殊死较量。人民警察依法使用武器是国家法律得以顺利实施的保障，是国家赋予人民警察的权利，是人民警察履行职责的行为。打击犯罪、维护社会安定是人民警察的天职，武器是人民警察必须熟练操作的工具，准确射击是人民警察必须具备的重要技能。

在我国，枪支是被严格管控的。但是，随着改革开放的不断深入，国民经济的快速发展使社会结构发生了变化，经济的差距使得社会治安问题日益严峻，涉枪、涉恐等暴力犯罪时有发生。一线民警在执法过程中携带的手枪已不能对犯罪分子形成武力上的优势，在处理这类案件时就需要更高级别的武力手段，除了常用的手枪之外，长枪的使用在执法过程中也变得越发重要。

针对这一情况，我们编写了本书。通过大量搜集、研究国内外的资料，经过大量实践，结合我国现状及东北地区特点，特别是现阶段手枪使用情况得到充分的阐述，而针对长枪使用情况被较少提及的情况下，我们在本书中收录了长枪使用的相关内容，希望能对警察的训练、执法带来帮助。

本书由刘宏伟负责法律法规部分，由王皓负责射击学理部分，由吕明负责考核科目设计部分，由田莉负责长枪部分和后期的统稿工作。在编写过程中，编者参考了很多相关书籍，在此表示感谢。

由于成稿时间紧，任务重，加之编者学识有限，书中疏漏在所难免。在实际的使用过程中，须以国家现有方针政策和现行法律法规为准。诚恳地希望得到读者的批评指正。

编者

2022 年 5 月

写 在 前 面

阅读本书前,请确认你不是许海峰、不是艾瑞克、不是马盖普,你只是一名在生死关头才会用枪的人民警察。

本书一切动作的出发点是实战,第一是确保武器日常使用的安全;第二是确保实战中在最短的时间内形成威慑力,命中目标,尽量不要伤及群众;第三了解使用武器的程序、条件、后续相关事宜;最后才是精确命中十环。

本书注重强调动作的一致性,如各种持枪戒备姿势、更换弹匣、故障排除时肘关节的位置基本一致;如只要手接触枪支,身体就要略微前倾,头部就要进入射击时位置等,主要是从训练的时间成本、训练动作的数量等方面考虑。

本书中的动作对力量有一定的要求,特别是在射击时要求保持一定的身体紧张度,主要是从实战时的身体状态考虑。希望大家在学习的过程中能够本着"先僵化、后优化、再固化"的原则认真体会,练习一段时间后,再根据个人体质不同优化、固化。

同时,为了使各位警察同事能够清楚地认清警察射击的本质,了解警察用枪与竞技体育射击、IPSC射击的区别,从射击的目的、时间、目标等12个方面进行了简单的区别,希望能够使同志们有一个客观、准确的认识。

	竞技体育射击	IPSC 射击	警察用枪
目 的	以准确为目的	以效率为目的	以制止违法犯罪行为为目的
时 间	相对宽松	越快越好	对开枪的时机有精确的要求
目 标	靶子	靶子	犯罪嫌疑人
用 弹	按项目要求	按项目要求	按射击目的要求
程 序	按规则要求	按规则要求	按法律要求
自身安全	没有危险	没有危险	存在危险
心 情	平静	平静	紧张
心 率	平缓	较快	极快
身 体	放松	适度紧张	僵硬
持 握	力量小	力量适中	力量大
瞄 准	精确瞄准	精确瞄准	概略、指向瞄准
击 发	无意击发	无意击发	有意击发

武器使用安全守则

1.将所有枪支均视为有弹并已上膛。

2.除非得到命令射击或决定射击,击发扳机的食指必须贴靠在扳机护圈之外。

3.除非得到命令或执法行动需要,否则不能拔枪、拉枪机上膛及据枪(转轮手枪不能下压击锤,更不能玩耍枪支)。

4.除非得到命令射击或决定射击,否则不能将枪口指向任何不欲射击的人或物。

5.如果不能确定目标,切勿开枪。

6.安全检查(验枪)、退弹或领取、归还、收缴枪支时,必须检查弹膛,确定已无子弹。

7.枪支携带者必须清楚自己所携带枪支和弹药的状况。

安全守则的目的:

确保自己用枪安全,让别人感觉"你用枪安全"。

目 录

第一章 警械武器使用法律依据 ·· 1
第一节 警械武器使用法律法规 ·· 1
一、人民警察依法使用警械武器的基本条件 ··································· 1
二、人民警察依法使用警械武器的情形 ·· 2
三、人民警察使用警械武器的法律责任 ·· 4
四、人民警察使用武器后应采取的措施 ·· 5
第二节 用枪报告书写方法 ·· 6
一、公安民警用枪报告书写方法 ·· 6
二、用枪报告模板 ··· 7

第二章 手枪使用 ·· 8
第一节 基础知识 ··· 8
一、射击防护装备 ··· 8
二、枪支佩带 ··· 8
三、开关保险 ··· 9
四、出枪收枪 ·· 10
五、验枪 ·· 11
六、交接枪支 ·· 12
第二节 基础操作 ·· 12
一、性能检查 ·· 12
二、装退子弹 ·· 14
三、换弹匣 ··· 17
四、分解结合 ·· 18
五、擦拭保养 ·· 19
六、持握 ·· 20
七、瞄准 ·· 20
八、击发 ·· 21
九、扶枪戒备 ·· 21
十、持枪戒备 ·· 21
第三节 实际操作 ·· 22
一、出枪警示 ·· 22
二、鸣枪警告 ·· 23
三、开枪射击 ·· 23
四、防抢枪动作 ··· 24

五、射击姿势 ································ 26
　　六、手枪掩护物后射击 ···················· 27
　　七、转身射击 ································ 28
　　八、暗弱光线射击 ··························· 29
　第四节　半自动手枪故障排除 ··············· 30
　第五节　公安民警枪支使用体系 ············ 32
　第六节　室内靶场组织训练规范 ············ 32
第三章　手枪等级训练 ··························· 34
　第一节　基础级训练科目 ···················· 34
　第二节　初级训练科目 ······················· 36
　第三节　中级训练科目 ······················· 44
　第四节　高级训练科目 ······················· 53
第四章　长枪使用 ································ 58
　第一节　长枪种类与性能 ···················· 58
　第二节　长枪安全操作及排除故障的方法 ··· 82
　第三节　长枪基础射击和应用射击 ········· 94
　第四节　长枪掩护物后射击 ················· 106
　第五节　长短枪互换射击 ···················· 111
　第六节　97-1式18.4 mm防暴枪安全操作 ··· 112
第五章　长枪等级训练 ··························· 116
　第一节　防暴枪等级训练 ···················· 116
　　一、基础级训练科目 ······················· 116
　　二、初级训练科目 ··························· 118
　　三、中级训练科目 ··························· 122
　　四、高级训练科目 ··························· 126
　第二节　步枪、冲锋枪等级训练 ············ 129
　　一、基础级训练科目 ······················· 129
　　二、初级训练科目 ··························· 131
　　三、中级训练科目 ··························· 135
　　四、高级训练科目 ··························· 138
附　录 ··· 147
　《中华人民共和国人民警察使用警械和武器条例》 ··· 147
　《公安机关人民警察佩带使用枪支规范》 ··· 150
　《公安机关公务用枪管理规定》 ············ 155
　《中华人民共和国枪支管理法》 ············ 162

第一章 警械武器使用法律依据

人民警察担负着维护国家安全,维护社会治安秩序,保护公民的人身安全、人身自由和合法财产,保护公共财产,预防、制止和惩治违法犯罪活动的重要任务,是具有武装性质的行政执法和刑事执法的力量。《中华人民共和国人民警察法》第五条:"人民警察依法执行职务,受法律保护。"第十条:"遇有拒捕、暴乱、越狱、抢夺枪支或者其他暴力行为的紧急情况,公安机关的人民警察依照国家有关规定可以使用武器。"《公安机关人民警察佩带使用枪支规范》第六条:"人民警察依法使用枪支行为受法律保护。因合法使用枪支造成人员伤亡或者财产损失的,不承担法律责任。"上述法律条文是人民警察使用警械、武器的基本法律依据,它表明人民警察依法使用警械、武器的行为是代表国家履行警察职权的行为,是国家赋予人民警察的一项专门权利。依法使用警械、武器对于保障人民警察合法有效地执行公务,及时制止违法犯罪行为,保护人民群众和自身的安全具有重要的作用。

《中华人民共和国人民警察使用警械和武器条例》第三条规定:"……所称武器,是指人民警察按照规定装备的枪支、弹药等致命性警用武器。"《公务用枪配备办法》规定,公务用枪的配备品种为手枪、冲锋枪、突击步枪、自动步枪、狙击步枪、班用机枪和防暴枪等7种。

第一节 警械武器使用法律法规

一、人民警察依法使用警械武器的基本条件

《中华人民共和国人民警察使用警械和武器条例》第二条规定:"人民警察制止违法犯罪行为,可以采取强制手段;根据需要,可以依照本条例的规定使用警械;使用警械不能制止,或者不使用武器制止,可能发生严重危害后果的,可以依照本条例的规定使用武器。"依据《中华人民共和国人民警察使用警械和武器条例》和《公安机关公务用枪管理使用规定》,人民警察在使用武器时,必须同时具备以下基本条件,才能被认为是依法使用武器的行为。

(一)主体条件

配枪民警,是指获准核发《中华人民共和国公务用枪持枪证》(以下简称持枪证)的公安机关人民警察。人民警察符合以下四点要求才可申请持枪证资格:①已授予人民警察警衔;②熟知枪支管理、使用法律法规、规章规定;③熟练掌握所配枪支种类的使用、保养技能;④通过法律政策考试、实弹射击考核。

(二)对象条件

人民警察判明犯罪嫌疑人的行为符合《人民警察使用警械和武器条例》第九条中所述15种暴力犯罪行为的紧急情形之一。

(三)时间条件

武器的使用必须在正在实施严重暴力犯罪行为的紧急情形,而不使用武器加以制止将导致更为严重危害后果的情形下。

(四)程序条件

人民警察发现犯罪行为人准备实施暴力犯罪行为的,应当进行出枪警示,迅速表明人民警察身份,并将枪口指向犯罪行为人。同时,命令犯罪行为人立即停止实施暴力犯罪行为,并口头警告其拒不服从命令的后果,经警告无效的,可以使用武器,来不及警告或者警告后可能导致更为严重危害后果的,可以直接使用武器。

二、人民警察依法使用警械武器的情形

(一)使用武器的基本情形

《中华人民共和国人民警察使用警械和武器条例》第九条规定,人民警察判明有下列暴力犯罪行为的紧急情形之一,经警告无效的,可以使用武器:

(1)放火、决水、爆炸等严重危害公共安全的;

(2)劫持航空器、船舰、火车、机动车或者驾驶车、船等机动交通工具,故意危害公共安全的;

(3)抢夺、抢劫枪支弹药、爆炸、剧毒等危险物品,严重危害公共安全的;

(4)使用枪支、爆炸、剧毒等危险物品实施犯罪或者以使用枪支、爆炸、剧毒等危险物品相威胁实施犯罪的;

(5)破坏军事、通讯、交通、能源、防险等重要设施,足以对公共安全造成严重、紧迫危险的;

(6)实施凶杀、劫持人质等暴力行为,危及公民生命安全的;

(7)国家规定的警卫、守卫、警戒的对象和目标受到暴力袭击、破坏或者有受到暴力袭击、破坏的紧迫危险的;

(8)结伙抢劫或者持械抢劫公私财物的;

(9)聚众械斗、暴乱等严重破坏社会治安秩序,用其他方法不能制止的;

(10)以暴力方法抗拒或者阻碍人民警察依法履行职责或者暴力袭击人民警察,危及人民警察生命安全的;

(11)在押人犯、罪犯聚众骚乱、暴乱、行凶或者脱逃的;

(12)劫夺在押人犯、罪犯的;

(13)实施放火、决水、爆炸、凶杀、抢劫或者其他严重暴力犯罪行为后拒捕、逃跑的;

(14)犯罪分子携带枪支、爆炸、剧毒等危险物品拒捕、逃跑的;

(15)法律、行政法规规定可以使用武器的其他情形。

人民警察依照前款规定使用武器,来不及警告或者警告后可能导致更为严重危害后

果的,可以直接使用武器。

(二) 不得使用武器的情形

《中华人民共和国人民警察使用警械和武器条例》第十条规定,人民警察在遇有下列情形之一的,不得使用武器:

(1) 发现实施犯罪的人为怀孕妇女、儿童的,但是使用枪支、爆炸、剧毒等危险物品实施暴力犯罪的除外;

(2) 犯罪分子处于群众聚集的场所或者存放大量易燃、易爆、剧毒、放射性等危险物品的场所的,但是不使用武器予以制止,将发生更为严重危害后果的除外。

(三) 停止使用武器的情形

《中华人民共和国人民警察使用警械和武器条例》第十一条规定,人民警察遇有下列情形之一的,应当立即停止使用武器:

(1) 犯罪分子停止实施犯罪,服从人民警察命令的;

(2) 犯罪分子失去继续实施犯罪能力的。

(四) 鸣枪警告的基本情形

《公安机关人民警察佩带使用枪支规范》第十四条规定,人民警察在现场处置犯罪行为人准备实施或者正在实施暴力犯罪行为,经口头警告无效的,可以视情向天空等安全方向鸣枪警告。来不及口头警告的,可以直接鸣枪警告。

(五) 不得鸣枪警告的情形

《公安机关人民警察现场制止违法犯罪行为操作规程》第三十二条规定,公安民警在使用武器时,遇有下列情形之一的,不得鸣枪警告:

(1) 处于繁华地段、群众聚集的场所或者其他容易误伤他人的场所;

(2) 明知或者应当明知存放有大量易燃、易爆、剧毒、放射性等危险物品的场所;

(3) 鸣枪警告后可能导致危及公民或公安民警人身安全等更为严重危害后果的。

注:在不适宜鸣枪警告的情形可以采取口头警告"警察,别动!否则开枪!""无关人员躲避!",口头警告和鸣枪警告具有相同的法律效力。

(六) 枪支佩带规范

《公安机关人民警察佩带使用枪支规范》第七条、第九条规定如下。

第七条 人民警察在执行下列任务时,应当佩带枪支:

(1) 处置、侦查暴力犯罪行为;

(2) 抓捕、搜查、押送、拘传、拘留、逮捕犯罪嫌疑人;

(3) 执行武装巡逻任务;

(4) 在公安检查站、卡点执行武装警戒、处突任务;

(5) 在车站、机场、码头、口岸等重点部位、区域执行武装定点执勤任务;

(6) 在重点地区执行入户调查、核查情况等反恐防暴任务;

(7) 省级以上公安机关依法规定的其他情形。

第九条 人民警察应当按照下列规定佩带枪支:

武器使用

(1)子弹未上膛时,打开枪支保险,子弹上膛时,关闭枪支保险;
(2)着警服佩带手枪时,应当使用制式枪套、枪纲;
(3)着便装佩带手枪时,应当选用便携式枪套;
(4)着警服佩带长枪时,应当使用制式枪背带采取肩枪、背枪或者挎枪方式。

三、人民警察使用警械武器的法律责任

人民警察使用警械武器的法律责任属于特定的法律责任。这种法律责任的主体是人民警察,是人民警察由于违法使用警械武器造成不应有的伤亡、损失,或者人民警察依法使用警械武器造成无辜人员伤亡、财产损失而承担的法律责任。

(一)违法使用的法律责任

人民警察违法使用武器的将依照以下规定进行处理:

《中华人民共和国人民警察法》

第四十八条 人民警察有本法第二十二条所列行为之一的,应当给予行政处分;构成犯罪的,依法追究刑事责任。

行政处分分为:警告、记过、记大过、降级、撤职、开除。对受行政处分的人民警察,按照国家有关规定,可以降低警衔、取消警衔。

对违反纪律的人民警察,必要时可以对其采取停止执行职务、禁闭的措施。

第四十九条 人民警察违反规定使用武器、警械,构成犯罪的,依法追究刑事责任;尚不构成犯罪的,应当依法给予行政处分。

第五十条 人民警察在执行职务中,侵犯公民或者组织的合法权益造成损害的,应当依照《中华人民共和国国家赔偿法》和其他有关法律、法规的规定给予赔偿。

《中华人民共和国人民警察使用警械和武器条例》

第十四条 人民警察违法使用警械、武器,造成不应有的人员伤亡、财产损失,构成犯罪的,依法追究刑事责任;尚不构成犯罪的,依法给予行政处分;对受到伤亡或者财产损失的人员,由该人民警察所属机关依照《中华人民共和国国家赔偿法》的有关规定给予赔偿。

《公安民警违反公务用枪管理使用规定行政处分若干规定》

第三条 公安民警出租、出借所配备或者管理的公务用枪的,给予开除处分。

第六条 公安民警违反公务用枪携带、保管规定,致使公务用枪丢失、被盗、被抢的,给予警告直至记大过处分,不及时报告的,从重处分;造成严重后果的,给予开除处分。

第七条 公安民警非工作需要携枪进入宾馆、饭店、商场和歌舞厅等公共场所的,给予警告直至记大过处分。

公安民警携枪饮酒的,给予警告直至记大过处分;酒后掏枪滋事、鸣枪的,给予降级直至开除处分。

(二)依法使用的法律责任

《中华人民共和国人民警察使用警械和武器条例》第十五条规定,人民警察依法使用警械、武器,造成无辜人员伤亡或者财产损失的,由该人民警察所属机关参照《中华人民共和国国家赔偿法》的有关规定给予补偿。

四、人民警察使用武器后应采取的措施

(一)人民警察在使用武器后应采取的措施

《中华人民共和国人民警察使用警械和武器条例》第十二条规定,人民警察使用武器造成犯罪分子或者无辜人员伤亡的,应当及时抢救受伤人员,保护现场,并立即向当地公安机关或者该人民警察所属机关报告。第十三条中规定,人民警察使用武器的,应当将使用武器的情况如实向所属机关书面报告。

关于用枪报告,《公安机关人民警察佩带使用枪支规范》第十八条有明确的规定,人民警察使用枪支后,应当立即向所属配枪部门主要负责人口头报告,并在完成任务后二十四小时内,向所属配枪部门提交书面报告。报告应当包括以下内容:(1)使用枪支的地点、时间;(2)使用枪支时的现场情况;(3)使用枪支时采取的警告措施;(4)使用枪支理由及造成的伤亡情况;(5)弹药消耗情况;(6)使用枪支后所做的处置工作。

(二)当地公安机关或者该人民警察所属机关接到报告后,应进行的工作

《中华人民共和国人民警察使用警械和武器条例》第十二条还规定,当地公安机关或者该人民警察所属机关接到报告后,应当及时进行勘验、调查,并及时通知当地人民检察院。当地公安机关或者该人民警察所属机关应当将犯罪分子或者无辜人员的伤亡情况,及时通知其家属或者其所在单位。

这对事后应诉、处理、保护人民警察的合法权益来说,是必不可少的程序要求。

(1)及时进行勘验。

公安机关依法用科学手段和检验方法,对使用武器造成伤亡的场所、实物、人身、尸体以及其他能够作为使用武器是否合法证据的一切对象进行勘查、检验,并制作勘验笔录、现场图示,以及拍摄现场照片或者录像。

(2)及时调查。

公安机关的调查人员向使用武器的人民警察、被武器击伤的人、当时在现场的有关人员了解使用武器的情况和过程。收集有关线索和证据并制作笔录。通过调查并与现场勘验相结合,做出人民警察使用武器是否合法的结论。

(3)及时通知当地人民检察院。

人民警察使用武器是一项执法活动,一般在办理刑事案件过程中实施,应当接受人民检察院的监督。因此,公安机关应及时将使用武器的情况通知人民检察院,以有利于其及时、准确地查明情况,对使用武器的合法性进行监督。

(4)及时通知伤亡人员家属或者所在单位。

当地公安机关或者人民警察所属机关应当将犯罪嫌疑人或者无辜人员的伤亡情况,及时通知其家属或者所在单位,以便于维护当事人的合法权益。同时,争取其所在单位的

积极配合,妥善处理伤亡人员的善后事宜。

(5)进行总结。

将使用武器的经验、教训及时传达给有关人员,以指导今后的工作。对依法使用武器的人民警察给予奖励,对违法使用武器的人员进行处理,并依照法律、法规对伤亡人员及其财产损失进行赔偿或补偿。

第二节 用枪报告书写方法

一、公安民警用枪报告书写方法

《中华人民共和国人民警察使用警械和武器条例》第十三条规定,人民警察使用武器的,应当将使用武器的情况如实向所属机关书面报告。

《公安机关人民警察佩带使用枪支规范》第十八条规定,人民警察使用枪支后,应当立即向所属配枪部门主要负责人口头报告,并在完成任务后二十四小时内,向所属配枪部门提交书面报告。报告应当包括以下内容:

(1)使用枪支的地点、时间;

(2)使用枪支时的现场情况;

(3)使用枪支时采取的警告措施;

(4)使用枪支理由及造成的伤亡情况;

(5)弹药消耗情况;

(6)使用枪支后所做的处置工作。

从以上的条款中可以看出用枪后书写用枪报告是必须要做的事情,用枪报告的书写必须要注意以下三点内容:

一是应写尽写。按照法律法规的要求,用枪报告应当包括六方面内容,即使用枪支的地点、时间;使用枪支时的现场情况;使用枪支时采取的警告措施;使用枪支理由及造成的伤亡情况;弹药消耗情况;使用枪支后所做的处置工作。这是《公安机关人民警察佩带使用枪支规范》的要求,一定要写。

二是要描述事实。民警在实际工作中往往会忽略一些事实,如"嫌疑人拿刀向我迈了一步",这个情景就可以描述为"嫌疑人拿刀向我走来,意图威胁我的生命";民警使用枪支后,往往会描述"向犯罪嫌疑人开枪,击毙了嫌疑人",实际上这样的描述是不对的,民警是没有资格鉴定一个人是否死亡的,这句话应该描述为"我向犯罪嫌疑人开了一枪,犯罪嫌疑人片刻倒地。我开始抢救受伤人员,医护人员到场后,鉴定犯罪嫌疑人已经死亡"。在讲述客观事实的时候一定不要带主观的判断,要站在第三者的立场上如实地描述事实。

三是根据"看到什么、根据什么、做了什么"的模式描述使用枪支的每个步骤。用枪报告的书写一定要条理清晰,使用枪支的四个步骤一定要逐一描述,不能混淆。根据"看到什么、根据什么、做了什么"的模式将使用枪支的四个阶段反复描述,特别是在鸣枪警告和开枪射击这两个环节,根据用弹数量进行重复地有递进地如实描述。这样书写出来的用枪报告才能清晰地反映出用枪的每一个环节,才能站在法律的高度将一名执法者使用枪支的情况表述清楚。

总之,用枪报告的书写,一定要内容全面、客观真实、法言法语。

二、用枪报告模板

枪支使用情况报告

××派出所:

××年××月××日,接到××任务,按照要求××领取××手枪一支,子弹××发。

××时××分,到达案发地点,当时情景……

看到……

根据……

做了……(口头警告、鸣枪警告或开枪射击第一发、射击第二发)

…………

击中犯罪嫌疑人××位置,犯罪嫌疑人停止反抗或倒地不动。

一共射击××发,其中警告××发、击中犯罪嫌疑人××发,剩余子弹××发。

控制犯罪嫌疑人后,确认危险消除以后,关保险收枪入套。××时××分通知120急救中心,抢救伤员,并于××时××分向所属部门口头报告。

120急救车于××时××分到达现场。

经抢救××时××分,××医院医护人员宣布嫌疑人死亡。

第二章 手枪使用

第一节 基础知识

一、射击防护装备

射击防护装备主要有耳包(耳塞)、防护眼镜、帽子等三种(图2-1),如果进行战术射击还需要防弹衣、防弹头盔、护膝护肘等(图2-2)。

佩戴射击防护装备的主要目的是减少训练过程中的不必要损伤。

图2-1

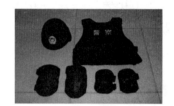

图2-2

二、枪支佩带

《公安机关人民警察佩带使用枪支规范》第七条规定,人民警察在执行下列任务时,应当佩带枪支:

(一)处置、侦查暴力犯罪行为;

(二)抓捕、搜查、押送、拘传、拘留、逮捕犯罪嫌疑人;

(三)执行武装巡逻任务;

(四)在公安检查站、卡点执行武装警戒、处突任务;

(五)在车站、机场、码头、口岸等重点部位、区域执行武装定点执勤任务;

(六)在重点地区执行入户调查、核查情况等反恐防暴任务;

(七)省级以上公安机关依法规定的其他情形。

《公安机关人民警察佩带使用枪支规范》第九条规定,人民警察应当按照下列规定佩带枪支:

(一)子弹未上膛时,打开枪支保险,子弹上膛时,关闭枪支保险;

(二)着警服佩带手枪时,应当使用制式枪套、枪纲(图2-3);

(三)着便装佩带手枪时,应当选用便携式枪套(图2-4)。

图 2-3　　　　　　　　　图 2-4

三、开关保险

时间不紧迫的情况下尽量采取弱手开关保险的方法(图 2-5),时间紧迫情况下使用强手开关保险的方法(图 2-6)。

64 式手枪保险打开状态如图 2-7 所示,64 式手枪保险关闭状态如图 2-8 所示。

77 式手枪保险打开状态如图 2-9 所示,77 式手枪保险关闭状态如图 2-10 所示,77 式手枪开关保险状态与其他枪支保险方向相反。

92 式手枪保险打开状态如图 2-11 所示,92 式手枪保险关闭状态如图 2-12 所示。在击发位置时,需将击锤略向后扳动,才能关闭保险。92 式手枪使用方法同样适用于 92G 式手枪。

05 转轮手枪保险打开状态如图 2-13 所示,05 转轮手枪保险关闭状态如图 2-14 所示,能击发,枪不响。

图 2-5　　　　　　　　　图 2-6

图 2-7　　　　　　　　　图 2-8

图 2-9　　　　　　　　　图 2-10

图 2-11　　　　　　　　图 2-12

图 2-13　　　　　　　　图 2-14

四、出枪收枪

1.出枪

打开枪套,握实握把,弱手紧贴胸部或腹部,身体略前倾,进入射击时身体状态(图2-15),向上拔枪,强手拇指确认保险位置(图2-16),然后转换到各种戒备姿势。

图 2-15　　　　　　　　图 2-16

2.收枪

确认危险消除后,根据枪支状态确认是否需要关闭保险,强手压腕枪口下垂,强手拇指按压在击锤上成"7"字手型(图 2-17、2-18),顺势将枪插入枪套扣好,然后挺身成徒手戒备状态(图 2-19)。

图 2-17　　　　　图 2-18　　　　　图 2-19

五、验枪

1.半自动手枪:出—卸—拉—锁—放—收

出,出枪胸前戒备,安全指向,持枪手的食指置于扳机护圈外(图2-20)。

卸,卸下弹匣并检查是否有弹并合理存放(图2-21)。

拉,确认保险位置,拉套筒数次。反手拉套筒如图2-22所示、正手拉套筒如图2-23所示。

锁,锁住套筒成空仓挂机状态,看弹膛是否有弹(图2-24)或摸弹膛是否有弹(图2-25)。

放,释放套筒,向安全区域瞄准击发(图2-26)或关闭保险(图2-27)。

收,根据实际需要选择装入子弹等携带状态,收枪入套(图2-28)。

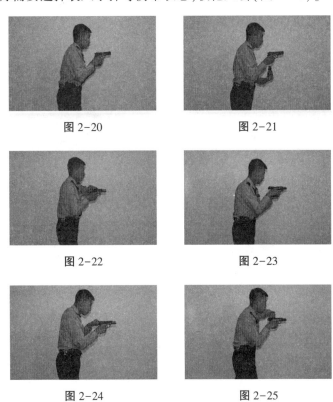

图2-20　　　　图2-21

图2-22　　　　图2-23

图2-24　　　　图2-25

图2-26

图2-27

图2-28

2.转轮手枪:出—转—收

出,取枪,安全指向,击发手指放于扳机护圈外(图2-29)。

转,强手拇指前推子弹轮开关,弱手中指与拇指掐握子弹轮,将握把顺时针旋动,将子弹轮露出,检查子弹轮,确定装弹情况(图2-30)。

收,弱手中指与拇指掐握子弹轮,强手将握把逆时针旋动,使子弹轮闭合,确认保险位置,装枪入套(图2-31)。

图 2-29

图 2-30

图 2-31

六、交接枪支

1. 半自动手枪交接

验枪后,枪支反握,递交给领枪人员(图2-32)。领枪人员接枪入套,在安全区域验枪。

2. 转轮手枪交接

验枪后,中指及无名指扣握枪体上梁,将转轮手枪握把递交给对方(图2-33)。领枪人员接枪将转轮合膛闭锁,将枪入套,在安全区域验枪。

图 2-32

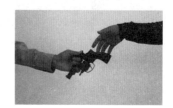
图 2-33

第二节 基础操作

一、性能检查

进行枪支性能检查前必须先验枪。

1. 半自动手枪:看—匣—保—滑—退—针

看,看枪支外表是否生锈、破裂(图2-34),看弹夹是否变形,看枪膛内有无异物(图2-35)。

匣,检查弹匣是否能够顺利装卸(图2-36),弹匣卡笋是否有效(图2-37)。

保,检查保险是否能够顺利开关,是否有效(图2-38、2-39)。

滑,检查枪支是否滑膛(滑机)(图2-40、2-41)。

退,看枪支能否顺利上膛、退壳(图2-42、2-43)。

针,击针能够顺利通过导孔击打子弹底部,击针是否锈死(图2-44、2-45)。

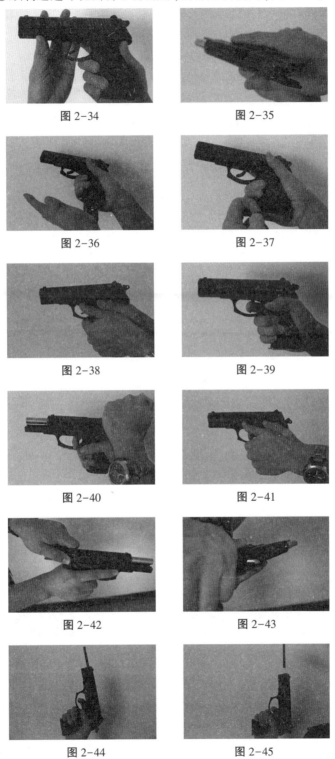

图 2-34　　　　　　　图 2-35

图 2-36　　　　　　　图 2-37

图 2-38　　　　　　　图 2-39

图 2-40　　　　　　　图 2-41

图 2-42　　　　　　　图 2-43

图 2-44　　　　　　　图 2-45

武器使用

2.转轮手枪：

看—转—轴—保—针

看,检查枪身表面是否有裂痕、生锈或损坏(图2-46)。

转,推柄向前推,转出转轮,转轮顺畅运转,同时检查枪管有无变形、异物(图2-47)。

轴,检查退壳轴是否旋紧、能否正常退壳(图2-48)。

保,检查保险能否正常开关,能否发挥作用(图2-49)。

针,利用扳机检查击针能否顺利通过击针孔,注意击针是否锈死(图2-50)。

图2-46　　　　　　　　图2-47

图2-48　　　　　　图2-49　　　　　　图2-50

二、装退子弹

1.弹匣装退子弹

双排双供弹匣(92式手枪弹匣),弱手持弹匣,强手拿弹,对正弹匣托板,垂直将子弹按压入弹匣(图2-51);单排单供弹匣(64式、77式手枪弹匣)、双排单供弹匣(92G式手枪弹匣),弱手持弹匣,强手拿弹,对正弹匣托板前端,垂直将子弹按压入弹匣,然后向后推进到位(图2-52)。弹匣退弹,弱手拇指用力下压子弹后端并向前推,子弹从弹匣中依次退出。

图2-51　　　　　　　　图2-52

2.上弹器装退子弹

按照上弹器旋钮指示旋开上弹器手柄到位(图2-53),弹头向上装入子弹(图2-54),逆时针旋转上弹器手柄到位,后翻转上弹器,检查子弹是否锁牢(图2-55),反向旋转手柄后可以将子弹倒出上弹器。红色上弹器(左)应装入杀伤弹,黑色上弹器(右)应装入橡皮子弹(图2-56)。

图 2-53　　　　　　　　图 2-54

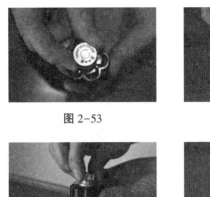

图 2-55　　　　　　　　图 2-56

3. 半自动手枪装、退弹匣

出枪装弹匣，强手持枪，枪口指向安全区域，用弱手取实弹匣，用弱手掌向上推，将实弹匣装到位（图2-57）；出枪退弹匣，双手握枪，枪口指向安全区域，用弱手拇指按压弹匣卡笋取出弹匣（图2-58），情况紧急可以用强手拇指按压弹匣卡笋取出弹匣。

枪套内装弹匣，用枪手将实弹匣由后推到位（图2-59），后拉检查（图2-60）；枪套内退弹匣，枪在枪套内，大拇指按压弹匣卡笋，取出弹匣并扣好枪套扣（图2-61）。

图 2-57　　　　　　　　图 2-58

图 2-59　　　　　　图 2-60　　　　　　图 2-61

4. 转轮手枪装、退子弹

用上弹器装子弹，强手推子弹轮卡笋向前，弱手拇指与中指掐握子弹轮3点与9点方向，向右旋转枪柄，打开子弹轮（图2-62）。弱手持枪，枪口向下，强手取上弹器，将弹头对正放入子弹轮，逆时针旋转上弹器手柄到位，子弹滑入子弹轮（图2-63），强手左旋枪柄关闭子弹轮，弱手轻轻转动，确保已经合膛（图2-64），枪入套，拾取上弹器。

散弹装填，强手推子弹轮卡笋向前，弱手拇指与中指掐握子弹轮3点与9点方向，向

武器使用

右旋转枪柄,打开子弹轮。弱手持枪,枪口向下,强手取散弹,从 2 点钟方向子弹孔开始(图 2-65),沿顺时针方向依次装入子弹。装弹完毕后,强手左旋枪柄关闭子弹轮。

转轮手枪退子弹,强手推子弹轮卡笋向前,弱手拇指与中指掐握子弹轮 3 点与 9 点方向,向右旋转枪柄,打开子弹轮,弱手持枪,枪口向上,弱手手指按压退弹杆,退出子弹用强手接住(图 2-66)。

图 2-62

图 2-63

图 2-64

图 2-65

图 2-66

5.半自动手枪子弹上膛与弹膛退弹

正手上膛,双手握枪,指向安全区域,强手挺腕前推,弱手大拇指和食指正握套筒上后端,向后拉动套筒到位,松手放开套筒以复进簧之力将子弹上膛(图 2-67)。

反手上膛,双手握枪,指向安全区域,强手挺腕前推,弱手大拇指和其余四指反握套筒上后端,向后拉动套筒到位,松手放开套筒以复进簧之力将子弹上膛(图 2-68)。

上膛时,不可以用弱手推送套筒上膛;上膛后弱手由后向前包握强手。

弹膛退弹,握枪指向安全区域,卸弹匣入套,弱手拉套筒向后(图 2-69、2-70),将膛内子弹退出,并确认弹膛无弹,随后按规范操作程序进行瞄准击发。

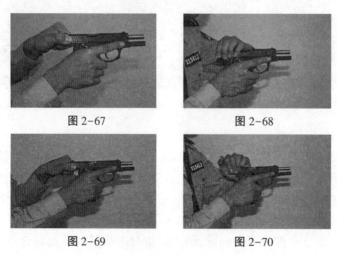

图 2-67　　　图 2-68

图 2-69　　　图 2-70

三、换弹匣

1.常规更换弹匣

双手握枪,指向安全区域,用弱手拇指按压弹匣卡笋取出弹匣入套(图2-71);用弱手将另一实弹匣从弹匣套内取出,用手掌向上推顶将弹匣装到位(图2-72);拉套筒或释放挂机扳把使套筒复位,子弹上膛(图2-73)。

图2-71　　　　　　　图2-72　　　　　　　图2-73

2.快速更换弹匣

子弹用尽或成挂机状态,用强手拇指按压弹匣卡笋,将空弹匣直接抛于地面(图2-74);用弱手迅速将装有子弹的弹匣从弹匣套内取出,快速将实弹匣用手掌推到位(图2-75);拉套筒或释放挂机扳把使套筒复位,子弹上膛(图2-76)。

图2-74　　　　　　　图2-75　　　　　　　图2-76

3.战术更换弹匣

实战紧急状态下,为获得持续火力,在弹匣内有少量余弹的情况下,换入满弹匣。首先用弱手从弹匣套内取出装满子弹的弹匣,弹匣底部贴于食指的根部区域(图2-77);其次再用强手拇指按压弹匣卡笋,用弱手掌接住枪内掉下的弹匣,并用无名指和小拇指根部夹住取下弹匣(图2-78);最后再将装满子弹的弹匣快速推到位(图2-79),收回弹匣戒备(图2-80)。

图2-77

图2-78　　　　　　　图2-79　　　　　　　图2-80

四、分解结合

1. 64 式手枪不完全分解

卸下弹匣后验枪（图 2-81），拉下扳机护圈掰至一侧（图 2-82），后拉上抬向前卸下套筒（图 2-83），卸下复进簧（图 2-84），顺时针旋转保险杆，卸下保险扳把（图 2-85），取下击针（图 2-86）。结合按相反顺序。

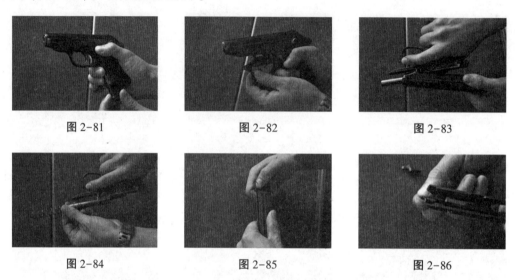

图 2-81　　　　　图 2-82　　　　　图 2-83

图 2-84　　　　　图 2-85　　　　　图 2-86

2. 77 式手枪不完全分解

卸下弹匣后验枪（图 2-87），拉动一次套筒后，压下保险扳把指向下方分解位置（图 2-88），后拉上抬，卸下套筒（图 2-89），卸下复进簧（图 2-90）。结合按相反顺序。

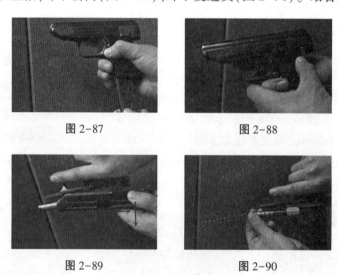

图 2-87　　　　　图 2-88

图 2-89　　　　　图 2-90

3. 92 式手枪不完全分解

卸下弹匣后验枪，卸下空仓挂机扳把（图 2-91），卸下套筒（图 2-92），卸下击发机

（图2-93），卸下复进机组件（图2-94），旋转枪口套45°，并取下（图2-95），取下枪管（图2-96）。结合按相反顺序。

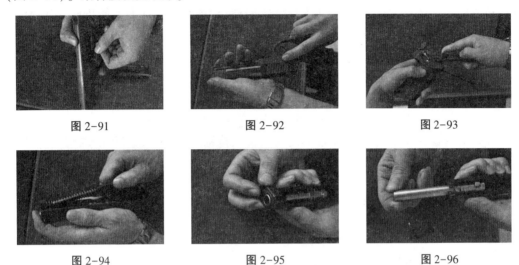

图2-91　　　　　　　图2-92　　　　　　　图2-93

图2-94　　　　　　　图2-95　　　　　　　图2-96

4.转轮手枪不完全分解

先进行验枪。用螺丝刀卸下限位螺丝（图2-97），转出转轮呈开膛状态，向前推动转轮卸下转轮组件（图2-98），松开转轮限位螺钉，分解转轮组件（图2-99），分解转轮组件时注意防止弹簧弹出。结合按相反顺序。

图2-97　　　　　　　图2-98　　　　　　　图2-99

五、擦拭保养

枪械分解；用刷子蘸碱性剂或热水，擦拭枪管内部，清理残渣和污垢；用布条擦干；薄薄涂上一层枪油；所有受火药气体腐蚀的地方和最容易磨损的部件都要擦拭；再重新抹油；枪械表面用碱性溶液来清洁并涂油。冬季室内外温差较大，擦拭时要等枪支缓霜结束以后再进行；枪遇有盐水（海水），或遭受毒剂和放射性物质的侵蚀后，应先用淡水冲洗干净，再擦拭上油。（具体方法同上）

64式手枪重点擦拭保养击针，防止击针锈死。

77式手枪重点擦拭保养击针组件，检查击针组件是否有断裂。

转轮手枪重点擦拭保养各螺钉，检查螺钉是否有松动，射击完橡皮子弹的枪支还要重点擦拭枪管。

六、持握

枪支的正确握持方式,就是利用人体手臂前伸,食指对准目标的本能指向动作,将手枪作为手臂和手腕的延伸,从而利用人体本能动作作为武器指向。

1.单手持握

强手虎口紧贴枪颈位置,拇指尽量前伸贴靠枪体侧面,其余手指握实握把,注意小指用力,形成正直合力(图2-100)。

2.双手持握

在单手持握的基础上,弱手由前向后自然包握持枪手,弱手大鱼际贴紧握把,形成正直合力,弱手拇指自然前伸位于强手拇指下微贴枪体侧面;两手拇指不能贴靠套筒(图2-101)。

转轮手枪双手持握时弱手拇指按压在强手拇指上。

图2-100

图2-101

七、瞄准

1.精确瞄准

通视准星缺口,使准星尖位于缺口中央,并与上沿平齐构成平正关系;精确的瞄准情况是,准星与缺口构成的平正关系要看清楚,目标则要看得模糊(图2-102)。

2.概略瞄准

双眼紧盯目标,双手保持枪面平稳,并使之处于强眼的视平线上,这样枪口就指向了目标,准星缺口也就基本平正。视觉上,目标清楚,准星缺口模糊(图2-103)。

图2-102

图2-103

3.指向性瞄准

双眼全部的注意力都在目标上,用强手的前臂和食指带动手枪采取单手腰间戒备、双手腹前戒备、胸前戒备、平肩戒备等动作自然指向目标,进行指向性瞄准。

4.快速瞄准的技巧

经过反复练习固定握枪手型,固定手腕、两肘、肩、头、腰的位置关系,形成良好的自然指向;拔枪前身体进入射击状态,眼睛盯住瞄准目标,然后迅速将枪(准星与缺口)置于眼睛和目标之间的连线上,然后根据需要选择准确、概略、指向性瞄准。

八、击发

扣动扳机是射击过程的关键,应用正确的食指击发位置扣动扳机,向虎口方向运动,以同一速度和力量解脱击锤或击针;击发应使用食指第一指关节中部或第一指节的根部(较适用于联动击发)(图2-104)。64式、92式、转轮手枪可以进行联动射击时,扳机力量较大,击发时注意食指用力方向的正直。

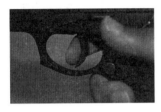

图2-104

九、扶枪戒备

戒备站立,弱手自然置于腹前、胸前或抓腰带,身体、头进入射击时位置,强手打开枪套,虎口位置与枪颈完全结合,握实枪把,强手拇指确认保险位置,眼睛观察目标及周围(图2-105),根据现场情况,选择进入持枪戒备、出枪警示、鸣枪示警、开枪射击。

图2-105

十、持枪戒备

《公安机关人民警察佩带使用枪支规范》第十二条规定,人民警察判断可能发生暴力犯罪行为的,应当及时进行持枪戒备,采取相应的戒备状态,并将枪口指向安全方向。

根据此条规范,我们可以采取低姿戒备和高姿戒备两种持枪戒备姿势。

1. 低姿戒备

适合较宽阔区域运用。身体略前倾,双手持枪指向前方约1.5 m处,肘固定,必要时抬手臂提升瞄准线至射击水平位置。运动时视线与身体转向一致(图2-106、2-107)。

此姿势的肘关节位置应与其他戒备姿势、更换弹匣、故障排除的肘关节位置一致。

2. 高姿戒备

适合狭窄空间运用。枪口向上,身体略前倾,手腕固定,肩、肘关节弯曲,双手肘及大臂内侧紧贴肋部,枪口不阻碍视线,离面颊约25～30 cm。运动时视线与身体转向一致(图2-108、2-109)。

图2-106　　　　图2-107　　　　图2-108　　　　图2-109

第三节　实际操作

一、出枪警示

《公安机关人民警察佩带使用枪支规范》第十三条规定，人民警察发现犯罪行为人准备实施暴力犯罪行为的，应当进行出枪警示，迅速表明人民警察身份，并将枪口指向犯罪行为人。同时，命令犯罪行为人立即停止实施暴力犯罪行为，并口头警告其拒不服从命令的后果。

出枪警示时，应当子弹上膛，打开保险，扣压枪支扳机的手指置于扳机护圈外，与犯罪行为人保持一定距离，并采取有效措施，防止枪支走火或者被抢。

根据此条规范，可以采取单手腰间戒备、双手腹前戒备、胸前戒备、平肩戒备四种持枪戒备姿势。

1.单手腰间戒备

适合近距离面对犯罪行为人或接近未知危险区域时运用。身体略前倾，将枪回收，强手持枪上挑手腕，紧贴腰侧位置（枪口超越腹平面），枪支略外倾，套筒不要与衣服发生接触，弱手做其他用途，如格挡、推开或开门、防护等（图2-110、2-111）。

2.双手腹前戒备

适合近距离狭窄空间或较长时间持枪时运用。双手持枪置于强手一侧腹前，枪支上平面和前臂平行于地面，运动时视线与身体转向一致（图2-112、2-113）。

3.胸前戒备

适合近距离狭窄空间内紧迫情况下持枪时运用，亦适用于更换弹匣、故障排除、验枪等。身体略前倾，双手持枪置于强手一侧胸前操作范围内，枪支上平面平行于地面，运动时

图2-110　　　　图2-111

图2-112　　　　图2-113

视线与身体转向一致(图2-114、2-115)。

图2-114　　　图2-115

4.平肩戒备

适合危险情况下运用。身体略前倾,双手持枪向前保持与肩水平稍向下位置,不阻碍视线,需要时可迅速抬臂提升瞄准线到射击水平位置。运动时视线与身体转向一致,并时刻留意近距离犯罪行为人双手(图2-116、2-117)。

图2-116　　　图2-117

二、鸣枪警告

《公安机关人民警察佩带使用枪支规范》第十四条规定,人民警察在现场处置犯罪行为人准备实施或者正在实施暴力犯罪行为,经口头警告无效的,可以视情向天空等安全方向鸣枪警告。来不及口头警告的,可以直接鸣枪警告。

第十六条规定,人民警察遇有下列情形之一的,不得鸣枪警告、开枪射击:

(一)发现实施犯罪的人为怀孕妇女、儿童的,但是使用枪支、爆炸、剧毒等危险物品实施暴力犯罪的除外;

(二)犯罪分子处于群众聚集的场所或者存放大量易燃、易爆、剧毒、放射性等危险物品的场所的,但是不使用枪支予以制止,将发生更为严重危害后果的除外;

(三)正在实施盗窃、诈骗等非暴力犯罪以及实施上述犯罪后拒捕、逃跑的。

三、开枪射击

在出枪警示的基础上,根据以下条款,按照程序向目标进行射击。

《公安机关人民警察佩带使用枪支规范》第十五条规定,人民警察判明有《中华人民

武器使用

共和国人民警察使用警械和武器条例》第九条规定的下列暴力犯罪行为的紧急情形之一,经口头警告或者鸣枪警告无效的,可以开枪射击。来不及警告或者警告后可能导致更为严重危害后果的,可以直接开枪射击:

(一)放火、决水、爆炸等严重危害公共安全的;

(二)劫持航空器、船舰、火车、机动车或者驾驶车、船等机动交通工具,故意危害公共安全的;

(三)抢夺、抢劫枪支弹药、爆炸、剧毒等危险物品,严重危害公共安全的;

(四)使用枪支、爆炸、剧毒等危险物品实施犯罪或者以使用枪支、爆炸、剧毒等危险物品相威胁实施犯罪的;

(五)破坏军事、通讯、交通、能源、防险等重要设施,足以对公共安全造成严重、紧迫危险的;

(六)实施凶杀、劫持人质等暴力行为,危及公民生命安全的;

(七)国家规定的警卫、守卫、警戒的对象和目标受到暴力袭击、破坏或者有受到暴力袭击、破坏的紧迫危险的;

(八)结伙抢劫或者持械抢劫公私财物的;

(九)聚众械斗、暴乱等严重破坏社会治安秩序,用其他方法不能制止的;

(十)以暴力方法抗拒或者阻碍人民警察依法履行职责或者暴力袭击人民警察,危及人民警察生命安全的;

(十一)在押犯罪嫌疑人、被告人、罪犯聚众骚乱、暴乱、行凶或者脱逃的;

(十二)劫夺在押犯罪嫌疑人、被告人、罪犯的;

(十三)实施放火、决水、爆炸、凶杀、抢劫或者其他严重暴力犯罪行为后拒捕、逃跑的;

(十四)犯罪行为人携带枪支、爆炸、剧毒等危险物品拒捕、逃跑的;

(十五)法律、法规规定可以开枪射击的其他情形。

人民警察开枪射击时,应当命令在场无关人员躲避,避免受到伤害。犯罪行为人停止实施暴力犯罪行为,或者失去继续实施暴力犯罪能力的,应当立即停止开枪射击,并确认危险消除后,及时关闭枪支保险,恢复佩带枪支状态。

四、防抢枪动作

当警察遭遇抢夺枪支时,应以保护、固定、解脱和保持距离四个步骤进行防护:

①保护,握紧枪,护好枪;

②固定,降低重心,两臂收回贴近身体;

③解脱,两臂和身体协同发力;

④保持距离,解脱后迅速保持距离、戒备警告。

1.枪在套中防抢枪

第一时间用双手保护好枪支(图2-118),同时降低身体重心(图2-119),握紧对方的手,不能让其拔出枪或扯下枪套,向右旋转身体进行解脱,如没有解脱可以寻找机会以头撞、脚踢、折腕、别指等方法摆脱对方(图2-120)。拉开距离,根据情况出枪警示或开枪射击(图2-121)。

图2-118

图2-119

图2-120

图2-121

2.高持枪戒备防抢枪

当警察在高姿戒备被对方抓握枪支时(图2-122),将重心下沉,突然发力解脱(图2-123),如不能解脱,双手握紧枪,手臂继续后拉紧贴身体(图2-124),用弱手臂下压对方手背或手臂,强手用力回拉(图2-125)。拉开距离,根据情况出枪警示或开枪射击(图2-126)。

图2-122

图2-123

图2-124

图2-125

图2-126

3.低持枪戒备防抢枪

当警察在低姿戒备被对方抓握枪支时(图2-127),双手握紧枪支,手臂后拉紧贴身体(图2-128),用弱手臂下压对方手腕或手臂,强手用力回拉(图2-129)。拉开距离,根据情况出枪警示或开枪射击(图2-130)。

图 2-127

图 2-128

图 2-129

图 2-130

五、射击姿势

1. 立姿射击姿势

侧身自然站立,两脚自然开立略比肩宽,强手侧的脚后撤约一脚的距离,身体略前倾,强手臂自然伸直,与枪成一条直线,弱手臂伸直,头正直贴靠在强手臂上(图2-131、2-132)。

图 2-131　　图 2-132

2. 跪姿射击姿势

在立姿射击姿势的基础上,重心下降,强侧腿跪地,两脚与跪地的膝关节在地面形成近似等边三角形,有利于稳固身体,上体和立姿射击一样。根据地形需要,将臀部坐在脚跟上形成低跪姿(图2-133、2-134);臀部离开脚跟形成高跪姿(图2-135、2-136)。

图 2-133　　图 2-134　　图 2-135　　图 2-136

3.坐姿射击姿势

在立姿射击姿势的基础上,重心下降,形成跪姿,继续后坐,同时保持枪支指向,臀部坐于地面,形成坐姿射击姿势(图2-137、2-138)。

坐姿变立姿,在坐姿基础上,弱侧腿前伸,身体重心前移,成跪姿,然后起立成立姿。

图2-137　　　　　　　图2-138

4.卧姿射击姿势

在立姿射击姿势的基础上,重心下降,弱手撑地(图2-139),弱侧、强侧腿依次后伸(图2-140),身体卧地,撑地弱手向前包握强手,呈卧姿射击姿势(图2-141)。卧姿时身体微向强手侧翻转,目的在于不影响呼吸;双脚可贴于地面,也可一脚搭与另一腿膝窝处(图2-142)。起立时弱手胸前撑地,呈双腿跪姿,弱手向前包握强手,依次上步起身成立姿。

图2-139

图2-140　　　　　　图2-141　　　　　　图2-142

六、手枪掩护物后射击

首先,根据掩护物不同的形状,采取相应的射击姿势;其次,应尽可能在掩护物的侧面射击而不是在其顶部射击,这样可以减少身体暴露面积;最后,射击时枪支尽量不要接触掩护物,如果需要可以用弱手或前臂贴靠掩护物,身体一定要在掩护物的影区内。

掩护物后强手边射击:身体重心略向右移动身体,特别注意脚不要超出掩护物影区。不要过分地贴近掩护物,枪支尽量不要露出掩护物太多(图2-143、2-144)。

掩护物后弱手边射击:其要求同强手,只是持枪强手手腕微塌(图2-145、2-146),使枪口指向目标,瞄具平面保持水平,弱手肘部内收,使身体暴露面积最少。

图2-143

图 2-144　　　　　　图 2-145　　　　　　图 2-146

七、转身射击

1. 左转身射击

危险在左侧出现时，强手抓实握把、打开枪套（图 2-147），右脚向前跨出一小步或左脚向后撤一小步，向左转身（图 2-148），判别目标，拔枪、挺腕（图 2-149），根据实际情况选择持枪戒备、出枪警示、鸣枪警告、开枪射击。

图 2-147　　　　　　图 2-148　　　　　　图 2-149

2. 右转身射击

危险在右侧出现时，强手抓实握把、打开枪套（图 2-150），左脚向前跨出一小步或右脚向后撤一小步，向右转身（图 2-151），判别目标，拔枪、挺腕（图 2-152），根据实际情况选择持枪戒备、出枪警示、鸣枪警告、开枪射击。

图 2-150　　　　　　图 2-151　　　　　　图 2-152

3. 向后转身快速出枪

危险在后侧出现时，强手抓实握把、打开枪套（图 2-153），右脚向左前跨出一大步或左脚向右后撤一大步，向后转身（图 2-154），判别目标，拔枪、挺腕（图 2-155），根据实际情况选择持枪戒备、出枪警示、鸣枪警告、开枪射击。

图 2-153　　　　　图 2-154　　　　　图 2-155

八、暗弱光线射击

1.持手电与枪结合手型

包握式：强手持枪，弱手持手电，利用弱手的拇指与食指包夹手电，其他三指包握持枪手，常用于侧按式(图 2-156)。

交叠式：强手持枪，弱手持手电，利用弱手控制手电，双手手背贴靠，常用于尾式开关手电(图 2-157)。

图 2-156　　　　　　　　图 2-157

2.暗弱光线射击基本原则

暗弱光线射击时要本着"亮打灭走"的原则。手电点亮主要有观察目标位置和确认目标情况的作用，长时间点亮手电会暴露警察的位置，因此，要在短暂观察后，迅速关闭手电，同时移动位置。射击完毕后根据目标情况决定收手电和收枪的先后顺序，收枪时要关保险。

3.暗弱光线练习程序

静态练习程序：出枪上膛—胸前戒备—取手电—手电和枪结合—(亮—响枪—灭)，以上步骤反复练习—收手电入套—关保险、枪入套。

动态练习程序：出枪上膛—胸前戒备—取手电—手电和枪结合—(亮—响枪—灭—左、右横跨一步)—收手电入套—关保险、枪入套，以上步骤反复练习。

第四节 半自动手枪故障排除

1.套筒已闭锁,击锤已击打,子弹没响故障的排除

排除步骤:看—拍—拉—准备。

看,看枪膛已闭锁,但是没有打响枪(图2-158);

拍,拍弹匣到位(图2-159);

拉,拉套筒一次,推子弹上膛(图2-160);

准备,恢复射击姿势,视情况准备射击(图2-161)。

图2-158

图2-159

图2-160

图2-161

2.套筒未完全闭锁,不能击发故障的排除

排除步骤:看—推—准备。

看,观察发现套筒没有完全闭锁(图2-162);

推,用弱手掌跟推或拍套筒后端,使之闭锁(图2-163);

准备,恢复射击姿势,视情况准备射击(图2-164)。

图2-162

图2-163

图2-164

3.因子弹或弹壳阻碍套筒复位,导致无法击发

排除步骤:看—拨—准备。

看,观察发现抛壳窗有异物,套筒没有完全闭锁(图2-165);

拨,用弱手食指根部用力拨出异物,使套筒闭锁(图2-166);

准备,恢复射击姿势,视情况准备射击(图 2-167)。

图 2-165　　　　　图 2-166　　　　　图 2-167

4.叠弹造成不能击发的排除(俗称"二龙戏珠")

排除步骤:看—锁—卸—拉—拍—拉—准备。

看,观察发现两发子弹叠弹(图 2-168);

锁,拉动套筒,上抬挂机扳把,形成空仓挂机(图 2-169);

卸,卸下弹匣(图 2-170);

拉,拉动套筒数次,退出枪内子弹(图 2-171);

拍,拍弹匣到位(图 2-172);

拉,拉动套筒上膛(图 2-173);

准备,恢复射击姿势,视情况准备射击(图 2-174)。

图 2-168　　　　　图 2-169

图 2-170　　　　　图 2-171

图 2-172　　　　　图 2-173　　　　　图 2-174

第五节　公安民警枪支使用体系

公安民警枪支使用是一个全方位的体系,涵盖用枪的全部过程,包括获得用枪资格、用枪审批、领取枪支、佩带枪支、使用枪支、善后工作、交还枪支、心理辅导、调查处理、奖惩责任、赔偿责任等十一个步骤。

第一步:获得用枪资格,依据《公安机关公务用枪管理规定》(以下简称《管理规定》)第十四条。主要规定了获得持枪资格的四个主要条件和持枪证的申请核发流程。

第二步:用枪审批,依据《管理规定》第二十六条和第三十条。主要规定了集中保管和个人保管公务用枪的审批程序和每次审批的有效期。

第三步:领取枪支,依据《管理规定》第二十九条和第三十二条。主要规定了领取枪支的主要程序,这里重点强调了验枪这个环节,同时提到了《全国枪支管理信息系统》的运用。

第四步:佩带枪支,依据《公安机关人民警察佩带使用枪支规范》(以下简称《佩带使用规范》)第七条至第十条。主要规定了佩带枪支的七种情景,枪支佩带的两种状态和三种枪支携行方式。

第五步:使用枪支,依据《佩带使用规范》第十一条至第十七条。主要介绍了持枪戒备、出枪警示、鸣枪警告、开枪射击四种使用枪支的状态。规定了不得开枪的三种情况、停止使用枪支的情景和停止后的技术动作。

第六步:善后工作,依据《佩带使用规范》第十八条至第二十条。主要规定了抢救受伤人员,保护现场、口头报告、书面报告的相关规定。关于书面报告,本书还将进行进一步阐述。

第七步:交还枪支,依据《管理规定》第二十九条和第三十二条。主要规定了正常换枪和不能及时还枪的相关规定。

第八步:心理辅导,依据《佩带使用规范》第二十五条。主要强调了公安民警使用枪支后的心理辅导的介入和判断能否继续佩带枪支的鉴定。

第九步:调查处理,依据《佩带使用规范》第十九条、第二十二条和第二十三条。主要规定了调查处理机制参与部门调查和报告的具体内容,以及申诉的机关等。

第十步:奖惩责任,依据《佩带使用规范》第二十六条至二十八条。主要规定了公安民警依法或违法使用枪支将要受到的表彰奖励或纪律处分、行政处分、刑事责任等。

第十一步:赔偿责任,依据《佩带使用规范》第二十九条、第三十条。主要规定了补偿和赔偿的机关和依据。

这十一步基本包括佩枪民警常见问题,本书还将继续说明。

第六节　室内靶场组织训练规范

室内靶场组织实弹射击时,其靶场布置一般要有:警戒区、靶位区、射击地线、出发地线、准备区域、指挥员位置、发弹员位置、记录员位置、枪械员位置、医疗员位置等(图 2-175)。

组织实弹射击,靶场应有指挥员、安全员、发弹员、记录员、枪械员、医务人员(可兼职)等。

实弹射击人员要求如下。

参加实弹射击人员必须做到:

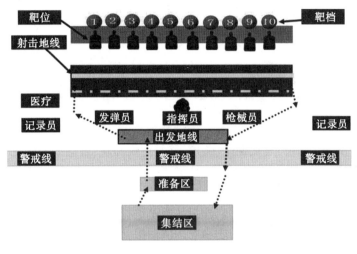

图2-175

(1)认真执行武器使用安全规则;

(2)射击中发生武器故障,可自行排除后继续射击,不能自行排除时呈持枪戒备姿势后报告,待安全员或枪械员排除故障后再行射击;

(3)正在射击时,如射手看到或听到停止射击信号、口令,应立即停止射击,关上保险;

(4)一切行动听指挥员口令实施。

实弹射击组织要求:

(1)组织实弹射击前,组训人员或指挥员应明确靶场设置,熟悉组织实施实弹射击的一般程序和方法,熟悉武器实弹射击的有关规则和射击条件,严格按规则和条件组织进行,并做好突发事件预案,确保组训安全。

(2)准备好武器弹药和器材。准备武器弹药包括检查武器是否完好,是否符合射击要求,必要时进行试枪和矫正射击。并根据练习条件和实弹射击人数准备弹药。准备器材包括根据练习条件和每组射击的人数,拟定好所需器材的准备计划,然后具体组织落实。实弹射击需要准备的器材主要有:靶板、靶纸;补靶纸、图钉、胶水等;靶位号牌,射击位置号牌,勤务人员位置标示牌等;警戒旗、杆、带;观靶镜、秒表、成绩登记表;通信器材。

(3)培训勤务人员。根据规定和实际需要确定靶场各种勤务的人数和人员,并进行分工和明确各自职责。按射击条件和示(报)靶方法,教会示靶员示靶、报靶和补靶等方法,明确有关规定,组织示靶员进行实际演练,组织警戒人员熟悉警戒位置与警戒区域。

(4)射击编组。根据参加射击的人数、靶位数,拟定射击编组方法,确定各组名单和组长,通常每组的第一名为组长,组长负责带领本组成员按指挥员的口令进入指定位置。

第三章 手枪等级训练

第一节 基础级训练科目

基础级包括2个训练科目,分别为手枪性能检查和分解结合。在掌握枪支安全操作守则基础上练习出枪、验枪、开关保险、装填子弹、更换弹匣、解除空仓挂机、瞄准、击发、领还枪支和枪支安全操作守则等10项基本技能;掌握枪支分解结合的基本方法,对枪支结构和部件有基本的了解。

基础级的训练不涉及实弹射击,基础级是警员进行实弹训练前对枪支熟悉的过程,是安全规范使用枪支基本训练,是进行实弹射击的前提。

基础级训练科目分为科目一(表3-1)、科目二(表3-2)两个部分。

表3-1 基础级训练科目一

训练科目	手枪安全操作	备注
训练目标	掌握出枪、验枪、开关保险、装填子弹、更换弹匣、解除空仓挂机、瞄准技术、击发技术、领还枪支程序和枪支安全操作守则	
训练口令及动作流程	准备(射手在操作台前成戒备姿势站立)—取枪(射手自操作台提取枪支成单手或双手腹前戒备姿势)—验枪(射手按程序实施验枪,验枪后成胸前戒备姿势)—关保险(射手利用非持枪手按压击锤到位再操作保险关闭,成胸前戒备姿势)—开保险(射手利用非持枪手操作保险开启,成胸前戒备姿势)—枪入套(射手非持枪手置于腹前,单手操作枪支以"7"字手型装入枪套并扣好枪套扣)—取2发训练弹,一个弹匣压1发,装入弹匣套(射手按照口令向弹匣压弹并装入弹匣套)—另一个弹匣压1发,枪不出套入弹匣(射手按照口令向另一弹匣压弹并装入枪内,回拉确认)—拔枪上膛(射手单手拔枪,完成上膛成双手持枪平肩戒备姿势)—1发射击,放(射手在平肩戒备姿势基础上,对标靶瞄准射击,射击后拉动套筒排出哑弹)—换弹匣(射手将持枪手向胸前回收同时退出弹匣,并利用非持枪手从弹匣套内取出另一实弹匣入枪,成双手胸前戒备姿势)—解除空仓挂机(射手利用非持枪手按压空仓挂机扳把或回拉套筒释放套筒)—1发射击,放(射手自行对标靶瞄准射击1发后,拉动套筒排出哑弹)—验枪(射手按程序验枪后成胸前戒备姿势)—停,枪放下(射手将枪及弹匣置于操作台后成戒备姿势站立)	转轮手枪参照公安部《公安民警警械武器使用训练教程(试行)》实施
考核口令	准备(射手在操作台前成戒备姿势站立)—开始(射手自行按流程完成全部操作)—停(射手将枪及弹匣置于操作台后成戒备姿势站立)	

续表 3-1

训练科目	手枪安全操作	备注
训练器材	1.手枪 1 支 2.弹匣 2 个 3.训练弹 2 发 4.枪套 1 个 5.弹匣套 1 个 6.目标靶 1 个 7.口哨 1 个 8.帽子、耳塞、护目镜等单警射击防护器材 1 套	单个靶位训练器材
射击距离	7 m	
射击标靶	半身部位靶	
操作时间	无	
成绩评定	1.违反枪支使用安全守则任何一条,该科目成绩评定为不合格 2.实施阶段,射手出现遗漏环节或错误操作,该科目成绩评定为不合格	
注意事项	听见哨音立即停止射击,成持枪戒备状态,枪口指向安全方向	

手枪安全操作训练应在特定的训练场地进行,训练场地示意图如图 3-1 所示。

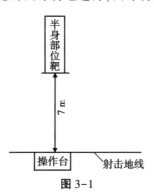

图 3-1

表 3-2 基础级训练科目二

训练科目	不完全分解结合	备注
训练目标	1.掌握手枪的不完全分解结合 2.掌握枪支各部件的名称	
训练口令及动作流程	92 式手枪不完全分解结合: 卸下弹匣—验枪—卸下空仓挂机扳把—卸下套筒—卸下击发机—卸下复进机组件—旋转枪口套 45°,并取下—取下枪管 结合按相反顺序	
考核口令	准备(听到准备口令考核开始,射手举手至肩部准备)—开始(听到开始口令计时开始,射手开始对枪支进行不完全分解、结合)—停(考核结束)	

续表 3-2

训练科目	不完全分解结合	备注
训练器材	1.半自动手枪 1 支 2.弹匣 1 个 3.操作台 1 个	单个靶位训练器材
射击距离	无	
射击标靶	无	
操作时间	120 s	
成绩评定	1.违反枪支使用安全守则任何一条,该科目成绩记为不及格 2.超时或没有完成,该科目成绩记为不及格	

第二节 初级训练科目

初级包括 5 个训练科目,分别为立姿警告射击、掩体利用射击、暗光射击、原地转身警告射击和综合考核科目。旨在使民警掌握实战中射击的程序;学会快速射击的动作要领,掌握首发命中的技能;能够合理利用掩体、快速进入掩体影区和掌握掩体后立姿和跪姿射击及动作间转化方法,养成更换弹匣时观察射击目标的习惯;掌握暗光环境射击的动作要领,养成"亮打灭走"的动作习惯;掌握原地向左、向右、向后转身射击的方法,并学会快速上膛射击和开保险联动射击技术等 11 种技术方法。

在 5 个训练科目中,立姿警告射击一次练习需 5 发实弹(实际打 4 发),掩体利用射击一次练习需要 3 发实弹(实际打 2 发),暗光射击一次练习需要 5 发实弹(实际打 4 发),原地转身警告射击一次练习需要 4 发实弹(实际打 3 发),综合考核科目一次需要 4 发实弹(实际打 3 发)。

初级训练科目执行带弹操作标准,每个训练科目结束后,应保持枪膛内还有 1 发子弹,强化民警实战状态下枪支携带及依法使用后的处置程序及方法。

初级训练科目分为科目一(表 3-3)、科目二(表 3-4)、科目三(表 3-5)、科目四(表 3-6)和综合考核科目(表 3-7)五个部分。

初级训练科目应在特定的训练场地进行,训练场地示意图如图 3-2~图 3-6 所示。

表 3-3 初级训练科目一

训练科目	立姿警告射击	备 注
训练目标	通过训练使参训人员掌握实战中射击的程序,学会快速射击的动作要领,强化首发命中的技能	
训练口令及动作流程	准备(射手在操作台前成戒备姿势站立)—取枪(射手单手取枪成单手腹前戒备姿势)—验枪(按程序自行完成验枪后成胸前戒备姿势)—枪入套(非持枪手置于腹前,单手持枪以"7"字手型装枪入套并扣好枪套扣)—射手取5发子弹装入一个弹匣(射手自行压子弹)—枪不出套上弹匣(单手将弹匣入枪并回拉确认)—进入射击地线(射手向前至射击地线并成扶枪戒备姿势)—开始—拔枪,上膛(射手单手打开枪套扣,抓握枪支上提成单手腹前戒备并拉套筒上膛,成双手持枪平肩戒备姿势)—警告(大声发出语言警告)—射击标靶1发(射手向标靶击1发)—沉枪观察(射手双手持枪转换为平肩戒备或低姿戒备,观察标靶)—胸前戒备(双手持枪回收,成双手胸前戒备姿势)—左右观察(射手在双手胸前戒备姿势基础上,分别向左右两侧观察后恢复双手胸前戒备姿势)—再次发出警告、射击、观察等命令3次(射手按照指令完成相应动作后,恢复双手胸前戒备姿势)—关保险(射手利用非持枪手关闭保险)—枪入套(射手非持枪手置于腹前,单手以"7"字手型装枪入套)—停,返回操作区(射手向后转身回到操作台前)—验枪(射手按程序完成验枪动作后,将枪及弹匣置于操作台,将掉落子弹放回原位)	转轮手枪装弹后,首发不应为空枪,保持两枪中间不应为空枪 3发以下利用散弹装填
考核口令	准备(射手听到准备口令考核随即开始,须在操作台前,自行完成取枪、验枪、枪入套、装子弹等动作并在射击地线就位)—开始(计时开始,自行完成4次警告射击、沉枪观察、左右观察后,关保险,枪入套,计时停止)—停(自行回到操作台,完成验枪,将枪及弹匣置于操作台,将掉落子弹放回原位,考核结束)	
训练器材	1.手枪1支 2.弹匣或装弹器1个 3.实弹5发 4.目标靶1个 5.口哨1个 6.成绩登记表1张、笔1支 7.帽子、耳塞、护目镜等单警射击防护器材1套	单个靶位训练器材
射击距离	7 m	
射击标靶	半身部位靶	
射击时间	60 s	
成绩评定	1.每发子弹按击中标靶相应分值区域计分 2.12分为优秀,10分为良好,6分为及格,6分以下或错射为不及格 3.听到开始口令开始计时,射手在60 s内未完成射击,多射或出现错误操作动作,成绩降档 4.违反枪支使用安全守则任何一条,该科目成绩为不及格	
注意事项	听见哨音立即停止射击,成持枪戒备状态,枪口指向安全方向	

武器使用

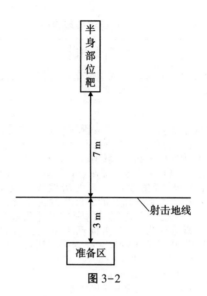

图 3-2

表 3-4 初级训练科目二

训练科目	掩体利用射击	备 注
训练目标	通过训练使参训人员掌握合理利用掩体,快速进入掩体影区,掩体后立姿和跪姿射击及动作间转化方法,养成更换弹匣时观察射击目标的习惯	
训练口令及动作流程	准备(射手在操作台前成戒备姿势站立)—取枪(单手取枪并成单手腹前戒备姿势)—验枪(按程序自行验枪)—枪入套(非持枪手置于腹前,单手以"7"字手型装枪入套并扣好套扣)—射手取3发子弹,一个弹匣装入2发,装入弹匣套(射手自行压弹并装入弹匣套)—另一个弹匣装入1发,枪不出套上弹匣(射手自行压弹并单手推弹匣入枪,并回拉确认)—进入起点(射手向前进入射击地线)—开始(射手扶枪戒备取捷径快速移动进入掩体影区)—射手进入掩体影区,保持对标靶观察(射手扶枪戒备调整身体与掩体间距离,利用快速窥视或持续观察方法保持对标靶的观察)—拔枪、上膛,指向标靶(单手提枪,拉套筒上膛,双手持枪利用掩体一侧指向标靶)—警告(大声发出语言警告)—立姿射击1发(射手向标靶瞄准射击,保持平肩戒备)—变跪姿,更换弹匣(射手变跪姿同时,双手回收成胸前戒备姿势,更换弹匣,其间观察目标一次)—警告(跪姿成平肩戒备,大声发出语言警告)—跪姿向标靶射击1发(射手向标靶瞄准射击,保持平肩戒备)—沉枪观察标靶(双手持枪成低姿戒备,观察标靶)—胸前戒备,左右观察(双手回收成胸前戒备,分别向两侧观察)—关保险(利用非持枪手关闭保险)—枪入套(射手保持跪姿,非持枪手置于腹前,单手以"7"字手型装枪入套)—停,返回操作区(射手起立,返回操作台前)—验枪(按程序验枪后,将枪置于操作台并将掉落子弹放回原位)	转轮手枪装弹后,首发不应为空枪,保持两枪中间不应为空枪 3发以下利用散弹装填
考核口令	准备(听到准备口令考核开始,射手自行完成取枪、验枪、枪入套、压子弹、弹匣入枪后,进入射击地线)—开始(听到开始口令计时开始,射手按程序进入掩体并利用掩体完成全部射击动作后关闭保险,枪入套计时停止,起立)—停(射手自行回到操作台前,完成验枪,将枪及弹匣置于操作台并将掉落子弹放回原位,考核结束)	

38

续表 3-4

训练科目	掩体利用射击	备 注
训练器材	1.手枪 1 支 2.弹匣 2 个 3.实弹 3 发 4.目标靶 1 个 5.掩体 1 块 6.口哨 1 个 7.成绩登记表 1 张、笔 1 支 8.帽子、耳塞、护目镜等单警射击防护器材 1 套	单个靶位训练器材
射击距离	7 m	
射击标靶	半身部位靶	
射击时间	60 s	
成绩评定	1.每发子弹按击中标靶相应分值区域计分 2.6 分为优秀,5 分为良好,3 分为及格,3 分以下或错射为不及格 3.听到开始口令开始计时,射手在 60 s 内未完成、多射或出现错误操作动作,成绩降档 4.违反枪支使用安全守则任何一条,该科目成绩为不及格	
注意事项	听见哨音立即停止射击,成持枪戒备状态,枪口指向安全方向	

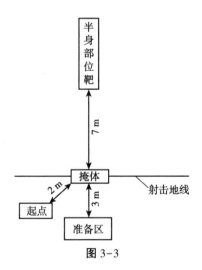

图 3-3

武器使用

表3-5 初级训练科目三

训练科目	暗光射击	备 注
训练目标	通过训练使参训人员掌握暗光环境射击的动作要领,养成"亮打灭走"的动作习惯,能够应对暗光环境下使用枪支的工作需求	
训练口令及动作流程	准备(射手在操作台前成戒备姿势站立)—取枪(单手取枪成腹前戒备姿势)—验枪(按程序自行验枪)—枪入套(非持枪手置于腹前,单手以"7"字手型装枪入套并扣好枪套扣)—射手取5发子弹装入一个弹匣(自行压弹5发)—枪不出套上弹匣(单手推弹匣入枪,并回拉确认)—进入起点(射手向前进入射击地线并成扶带戒备姿势)—开始—拔枪、上膛、指向标靶(单手提枪出套,完成上膛成双手平肩戒备姿势)—取手电(持枪手保持胸前戒备,非持枪手取出手电成正手或反手握手电姿势,配合持枪手成胸前戒备)—保持手电关闭,横向移动3~4步(保持胸前戒备横向移动)—点亮手电,观察标靶(非持枪手开启手电非爆闪模式并指向标靶)—警告(大声发出语言警告)—向标靶射击1发(瞄准标靶射击1发)—熄灭手电,横向移动3~4步(非持枪手关闭手电后,保持胸前戒备向原出发位置横向移动)—依次完成警告、开手电、射击、关手电再移动的射击流程4次后下达手电入套口令(射手单手持枪保持胸前戒备姿,非持枪手将手电入套,恢复双手持枪胸前戒备姿势)—关保险(非持枪手关闭保险后成双手胸前戒备姿势)—枪入套(非持枪手置于腹前,单手以"7"字手型装枪入套)—停,返回操作区(射手自行返回操作台前)—验枪(射手按程序验枪后,将枪及弹匣置于操作台,将掉落子弹放回原位)	转轮手枪装弹后,首发不应为空枪,保持两枪中间不应为空枪 3发以下利用散弹装填
考核口令	准备(听到准备口令考核开始,射手自行完成取枪、验枪、枪入套、压子弹、弹匣入枪后,在射击地线就位)—开始(听到开始口令计时开始,射手自行完成4次暗光射击操作后,收回手电,关保险枪入套,计时停止)—停(射手返回操作台,自行完成验枪并将枪及弹匣置于操作台,将掉落子弹放回原位置后,考核结束)	
训练器材	1.手枪1支 2.弹匣1个 3.实弹5发 4.目标靶2个 5.口哨1个 6.成绩登记表1张、笔1支 7.帽子、耳塞、护目镜等单警射击防护器材1套	单个靶位训练器材
射击距离	7 m	
射击标靶	半身部位靶	
射击时间	60 s	
成绩评定	1.每发子弹按击中标靶相应分值区域计分 2.12分为优秀,10分为良好,6分为及格,6分以下或错射为不及格 3.听到开始口令开始计时,射手在60 s内未完成、多射或出现错误操作动作,成绩降档 4.违反枪支使用安全守则任何一条,该科目成绩为不及格	
注意事项	听见哨音立即停止射击,成持枪戒备状态,枪口指向安全方向	

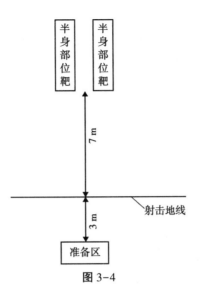

图 3-4

表 3-6 初级训练科目四

训练科目	原地转身警告射击	备 注
训练目标	通过训练使参训人员掌握原地向左、向右、向后转身射击的方法,学会快速上膛射击和开保险联动射击的技术	
训练口令及动作流程	准备(射手在操作台前成戒备姿势站立)—取枪(单手取枪成腹前戒备姿势)—验枪(按程序自行验枪)—枪入套(非持枪手置于腹前,单手以"7"字手型装枪入套并扣好枪套扣)—射手取4发子弹,装入一个弹匣(射手自行压子弹)—枪不出套上弹匣(单手推弹匣入枪,并回拉确认)—进入射击地线(射手进入射击地线成扶枪戒备姿势站立)—开始—向左转(射手在扶枪戒备姿势基础上向左转身)—右转身面向标靶(射手统一采取上步或撤步转身方式向右转身)—拔枪,上膛(单手提枪出套,完成上膛成双手平肩戒备姿势)—警告(大声发出语言警告)—射击标靶1发(瞄准射击1发)—沉枪观察(平肩或低姿戒备观察标靶)—腹前戒备,左右观察(双手回收成胸前戒备姿势,分别观察左右两侧)—关保险(利用非持枪手关闭保险)—枪入套(非持枪手置于腹前,单手以"7"字手型装枪入套并扣好枪套扣)—向右转(射手统一采取上步或撤步转身方式向右转身)—左转身面向标靶(射手统一采取上步或撤步转身方式向左转身)—拔枪,开保险(单手提枪出套,利用非持枪手或持枪手拇指开启保险)—警告(大声发出语言警告)—射击标靶1发(瞄准联动射击1发)—沉枪观察(平肩或低姿戒备观察标靶)—胸前戒备,左右观察(双手回收成胸前戒备姿势,分别观察左右两侧)—关保险(利用非持枪手关闭保险)—枪入套(非持枪手置于腹前,单手以"7"字手型装枪入套并扣好枪套扣)—向后转(射手统一采取上步或撤步转身方式向后转身)—后转身面向标靶(射手统一采取上步或撤步转身方式向后转身)—拔枪,开保险(单手提枪出套,利用非持枪手或持枪手拇指开启保险)—警告(大声发出语言警告)—射击标靶1发(瞄准联动射击1发)—沉枪观察(平肩或低姿戒备观察标靶)—胸前戒备,左右观察(双手回收成胸前戒备姿势,分别观察左右两侧)—关保险(利用非持枪手关闭保险)—枪入套(非持枪手置于腹前,单手以"7"字手型装枪入套并扣好枪套扣)—停,返回操作区(射手返回操作台前)—验枪(射手按程序验枪后,将枪及弹匣置于操作台,将掉落子弹放回原位)	转轮手枪装弹后,首发不应为空枪,保持两枪中间不应为空枪 3发以下利用散弹装填

续表 3-6

训练科目	原地转身警告射击	备 注
考核口令	准备(听到准备口令考核开始,射手自行完成取枪、验枪、枪入套、压子弹、弹匣入枪后,在射击地线向左转身后,成扶枪戒备姿势就位)—开始(听到开始口令计时开始,射手自行依次完成三个方向的转身射击动作后,关闭保险、枪入套,计时停止,成扶枪戒备姿势)—停(射手返回操作台,自行完成验枪并将枪及弹匣置于操作台,将掉落子弹放回原位置后,考核结束)	
训练器材	1.手枪 1 支 2.弹匣 1 个 3.实弹 4 发 4.目标靶 1 个 5.口哨 1 个 6.成绩登记表 1 张、笔 1 支 7.帽子、耳塞、护目镜等单警射击防护器材 1 套	单个靶位训练器材
射击距离	7 m	
射击标靶	半身部位靶	
射击时间	60 s	
成绩评定	1.每发子弹按击中标靶相应分值区域计分 2.9 分为优秀,7 分为良好,5 分为及格,5 分以下或错射为不及格 3.听到开始口令开始计时,射手在 60 s 内未完成、多射或出现错误操作动作,成绩降档 4.违反枪支使用安全守则任何一条,该科目成绩为不及格	
注意事项	听见哨音立即停止射击,成持枪戒备状态,枪口指向安全方向	

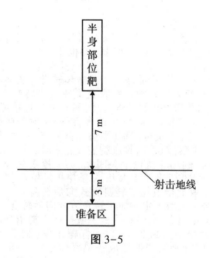

图 3-5

表 3-7 初级训练科目综合考核

训练科目	初级训练科目综合考核	备 注
训练目标	通过考核检验民警对初级训练科目的掌握情况	
训练口令及动作流程	准备(射手在操作台前成戒备姿势站立)—取枪(单手取枪成腹前戒备姿势)—验枪(按程序自行验枪)—枪入套(非持枪手置于腹前,单手以"7"字手型装枪入套并扣好枪套扣)—射手取5发子弹,一个弹匣装3发,装入弹匣套(射手自行压弹3发装入弹匣套)—另一个弹匣装2发,枪不出套上弹匣(射手自行向另1弹匣压子弹2发,单手推弹匣入枪,并回拉确认)—进入射击地线(射手在转身射击地线就位成扶枪戒备姿势)—向右转(保持扶枪戒备姿势向右转身)—开始—左转身面向标靶(射手统一利用上步或撤步左转身方式向左转面向标靶)—拔枪,上膛(单手提枪出套,完成上膛成双手平肩戒备姿势)—警告(大声发出语言警告)—射击标靶1发(对1号标靶瞄准射击1发)—沉枪观察(平肩或低姿戒备观察标靶)—胸前戒备,左右观察(双手回收成胸前戒备姿势,分别观察左右两侧)—进入掩体影区,保持对标靶观察(射手取捷径快速移动进入掩体影区,调整身体与掩体距离,利用快速窥视或持续观察方式保持对标靶的观察)—警告(大声发出语言警告)—立姿射击1发(利用掩体一侧对2号标靶射击1发)—变跪姿,换弹匣(射手双手胸前戒备掩体后成跪姿,完成换弹匣动作后推枪向前成跪姿平肩戒备姿势,其间观察标靶一次)—警告(大声发出语言警告)—向标靶射击1发(利用掩体一侧对2号标靶射击1发)—沉枪观察(低姿戒备观察标靶)—取手电(持枪手略向内收,非持枪手取出手电成正手或反手持握手电姿势,配合持枪手成胸前戒备)—保持手电关闭,横向移动(保持枪口向前并按指定路线横向移动至暗光射击地线1号标靶射击位置)—点亮手电,观察标靶(非持枪手开启手电非爆闪模式并指向标靶)—警告(大声发出语言警告)—向标靶射击1发(向1号标靶瞄准射击1发)—熄灭手电,横向移动(非持枪手关闭手电后,保持成胸前戒备横向移动进入掩体)—手电入套(射手单手胸前戒备,非持枪手将手电入套,恢复双手胸前戒备姿势)—关保险(非持枪手关闭保险)—枪入套(非持枪手置于腹前,单手以"7"字手型装枪入套并扣好枪套扣)—停,返回操作区(射手自行返回操作台前)—验枪(射手按程序验枪后,将枪及弹匣置于操作台,将掉落子弹放回原位)	转轮手枪装弹后,首发不应为空枪,保持两枪中间不应为空枪 3发以下利用散弹装填
考核口令	准备(听到准备口令考核开始,射手自行完成取枪、验枪、枪入套、压子弹、弹匣入枪后,在转身射击地线成扶枪戒备姿势就位)—开始(听到开始口令计时开始,射手自行完成全部射击动作后,关闭保险、枪入套,计时停止,成扶枪戒备姿势)—停(射手返回操作台,自行完成验枪并将枪及弹匣置于操作台,将掉落子弹放回原位后,考核结束)	
训练器材	1.手枪1支 2.弹匣2个 3.实弹5发 4.目标靶2个 5.口哨1个 6.成绩登记表1张、笔1支 7.帽子、耳塞、护目镜等单警射击防护器材1套	单个靶位训练器材
射击距离	7 m	

续表 3-7

训练科目	初级训练科目综合考核	备注
射击标靶	半身部位靶	
射击时间	60 s	
成绩评定	1.每发子弹按击中标靶相应分值区域计分 2.12 分为优秀,10 分为良好,6 分为及格,6 分以下或错射为不及格 3.听到开始口令开始计时,射手在 60 s 内未完成、多射或出现错误操作动作,成绩降档 4.违反枪支使用安全守则任何一条,该科目成绩为不及格	
注意事项	听见哨音立即停止射击,成持枪戒备状态,枪口指向安全方向	

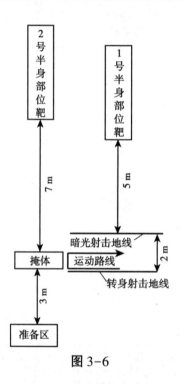

图 3-6

第三节　中级训练科目

中级系列包括 5 个训练科目,分别为运动后警告射击、多高度掩体射击、推挡后退射击、变向跑动警告射击和综合考核科目。掌握追击、掩体后对抗、身体对抗、战术转移 4 类实战压力下射击的动作要领。通过训练使参训人员学会在心跳加快、呼吸急促的情况下进行射击的方法和不同高度掩体里进行射击的动作要领,养成根据掩体实际情况选择合理射击动作的习惯,掌握摆脱纠缠后快速后退出枪射击的动作要领,形成紧急情形下概略射击的反应,掌握变相跑动射击的动作要领,养成利用各种掩护物摆脱纠缠的意识,形成转身后出枪射击的习惯,养成战术换弹、保持最佳战斗状态的战术意识。

训练中,运动后警告射击一次练习需 4 发实弹(实际打 3 发),多高度掩体射击一次练习需要 5 发实弹(实际打 4 发),推挡后退射击一次练习需要 3 发实弹(实际打 2 发),变向跑动警告射击一次练习需要 3 发实弹(实际打 2 发),综合考核科目需要 7 发实弹(实际打 6 发)。

每个科目结束后,除保持枪膛内还有 1 发子弹外还要更换满弹匣,使民警养成始终保持最佳战斗状态的习惯。

中级训练科目分为科目一(表 3-8)、科目二(表 3-9)、科目三(表 3-10)、科目四(表 3-11)和综合考核(表 3-12)五个部分。

中级训练科目应在特定的训练场地进行,运动后警告射击、多高度掩体利用射击训练场地示意图,掩体挡板示意图,推挡后退射击、变向跑动警告射击训练场地示意图,中级科目考核场地示意图和武器等级训练靶纸式样、尺寸示意图如图 3-7 ~图 3-14 所示。

表 3-8　中级训练科目一

训练科目	运动后警告射击	备 注
训练目标	通过训练使参训人员掌握模拟实战压力下射击的动作要领,学会在心跳加快、呼吸急促的情况下进行射击的方法	
训练口令及动作流程	准备(射手在操作台前成戒备姿势站立)—取枪(单手取枪成腹前戒备姿势)—验枪(按程序自行验枪)—枪入套(非持枪手置于腹前,单手以"7"字手型装枪入套并扣好枪套扣)—射手取 4 发子弹装入一个弹匣(射手自行压弹 4 发)—枪不出套上弹匣(单手推弹匣入枪,并回拉确认)—进入起点(到达指定位置就位)—开始(射手在起点与射击地线间完成 3×10 m 折返跑)—到达射击地线后,拔枪,上膛(射手在射击地线单手提枪,完成子弹上膛,双手持枪平肩戒备)—警告(大声发出语言警告)—射击标靶 1 发(瞄准射击标靶 1 发)—沉枪观察(低姿戒备对标靶观察)—胸前戒备,左右观察(双手胸前戒备,分别观察左右两侧)—关保险(利用非持枪手关闭保险)—枪入套(非持枪手置于腹前,持枪手单手以"7"字手型装枪入套并扣好枪套扣)—跑回起点(跑步回到起点)—完成原地俯卧撑 10 次(标准俯卧撑 10 次)—跑至射击地线(跑步至射击地线就位)—拔枪,开保险(单手提枪出套,利用非持枪手或持枪手拇指开启保险)—警告(大声发出语言警告)—射击标靶 1 发(联动射击标靶 1 发)—沉枪观察(低姿戒备对标靶观察)—胸前戒备,左右观察(双手胸前戒备,分别观察左右两侧)—关保险(利用非持枪手关闭保险)—枪入套(非持枪手置于腹前,持枪手单手以"7"字手型装枪入套并扣好枪套扣)—跑回起点(跑步回到起点)—原地左右手冲拳 20 次(标准左右直拳各 10 次)—跑至射击地线(跑步至射击地线就位)—拔枪,开保险(单手提枪出套,利用非持枪手或持枪手拇指开启保险)—警告(大声发出语言警告)—射击标靶 1 发(联动射击标靶 1 发)—沉枪观察(低姿戒备对标靶观察)—胸前戒备,左右观察(双手胸前戒备,分别观察左右两侧)—换满弹匣(保持胸前戒备姿势,完成战术换弹)—关保险(利用非持枪手关闭保险)—枪入套(非持枪手置于腹前,持枪手单手以"7"字手型装枪入套并扣好枪套扣)—停,返回操作区(射手自行返回操作台前)—验枪(射手按程序验枪后,将枪及弹匣置于操作台,将掉落子弹放回原位)	转轮手枪装弹后,首发不应为空枪,保持两枪中间不应为空枪 3 发以下利用散弹装填

武器使用

续表 3-8

训练科目	运动后警告射击	备 注
考核口令	准备(听到准备口令考核开始,射手自行完成取枪、验枪、枪入套、压子弹、弹匣入枪后,在起点成扶枪戒备姿势就位)—开始(听到开始口令计时开始,射手自行完成全部射击动作后,关保险、枪入套,计时停止,成扶枪戒备姿势)—停(射手返回操作台,自行完成验枪并将枪及弹匣置于操作台,将掉落子弹放回原位置后,考核结束)	
训练器材	1.手枪 1 支 2.弹匣 2 个(其中满弹匣 1 个) 3.实弹 4 发 4.目标靶 1 个 5.口哨 1 个 6.成绩登记表 1 张,笔 1 支 7.帽子、耳塞、护目镜等单警射击防护器材 1 套	单个靶位训练器材
射击距离	5 m	
射击标靶	半身部位靶	
射击时间	90 s	
成绩评定	1.每发子弹按击中标靶相应分值区域计分 2.9 分为优秀,7 分为良好,5 分为及格,5 分以下或错射为不及格 3.听到开始口令开始计时,射手在 90 s 内未完成、多射或出现错误操作动作,成绩降档 4.违反枪支使用安全守则任何一条,该科目成绩为不及格	
注意事项	听见哨音立即停止射击,成持枪戒备状态,枪口指向安全方向	

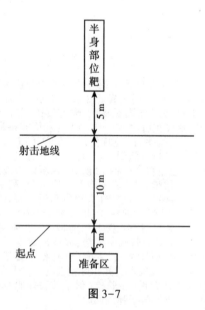

图 3-7

表 3-9　中级训练科目二

训练科目	多高度掩体射击	备 注
训练目标	通过训练使参训人员掌握不同高度掩体进行射击的动作要领,养成根据掩体实际情况选择合理射击动作的习惯	
训练口令及动作流程	准备(射手在操作台前成戒备姿势站立)—取枪(单手取枪成腹前戒备姿势)—验枪(按程序自行验枪)—枪入套(非持枪手置于腹前,单手以"7"字手型装枪入套并扣好枪套扣)—射手取5发子弹,一个弹匣装3发,装入弹匣套(射手自行向弹匣压弹3发,装入弹匣套)—另一个弹匣装2发,枪不出套上弹匣(向另1弹匣压子弹2发,单手推弹匣入枪,并回拉确认)—进入起点(射手进入起点成戒备姿势站立)—开始—射手进入掩体后,拔枪、上膛(射手迅速进入掩体影区,调整身体与掩体距离,完成出枪上膛,利用掩体最上方高度,保持枪口适当超过掩体)—警告(大声发出语言警告)—利用挡板上4个高度,各射击1发,起立(自上而下射击2发,换弹匣,再利用剩余两个高度射击2发)—起立—胸前戒备,左右观察(双手回收成胸前戒备姿势,分别观察左右两侧)—换满弹匣(保持胸前戒备姿势,完成战术性换弹)—关保险(利用非持枪手关闭保险)—枪入套(非持枪手置于腹前,持枪手单手以"7"字手型装枪入套并扣好枪套扣)—停,返回操作区(射手自行返回操作台前)—验枪(射手按程序验枪后,将枪及弹匣置于操作台,将掉落子弹放回原位)	转轮手枪装弹后,首发不应为空枪,保持两枪中间不应为空枪 3发以下利用散弹装填
考核口令	准备(听到准备口令考核开始,射手自行完成取枪、验枪、枪入套、压子弹、弹匣入枪后,在起点成扶枪戒备姿势就位)—开始(听到开始口令计时开始,射手自行按流程完成4个不同高度射击和战术性换弹,关保险、枪入套,计时停止,成扶枪戒备姿势)—停(射手返回操作台,自行完成验枪并将枪及弹匣置于操作台,将掉落子弹放回原位置后,考核结束)	
训练器材	1.手枪1支 2.弹匣3个(其中1个满弹匣) 3.实弹5发 4.目标靶1个 5.多高度掩体1块 6.口哨1个 7.成绩登记表1张、笔1支 8.帽子、耳塞、护目镜等单警射击防护器材1套	单个靶位训练器材
射击距离	15 m	
射击标靶	半身部位靶	
射击时间	60 s	
成绩评定	1.每发子弹按击中标靶相应分值区域计分 2.12分为优秀,10分为良好,7分为及格,7分以下或错射为不及格 3.听到开始口令开始计时,射手在60 s内未完成、多射或出现错误操作动作,成绩降档 4.违反枪支使用安全守则任何一条,该科目成绩为不及格	
注意事项	听见哨音立即停止射击,成持枪戒备状态,枪口指向安全方向	

武器使用

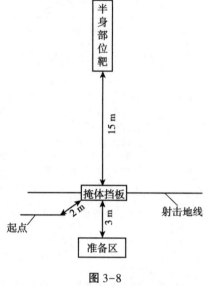

图 3-8

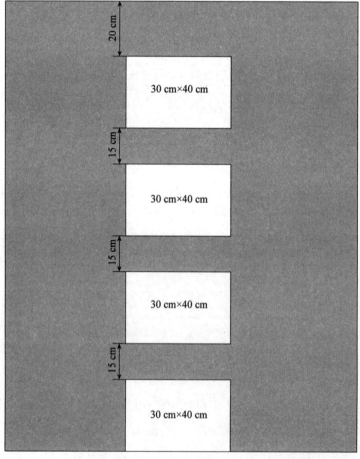

图 3-9 掩体挡板示意图

表 3-10　中级训练科目三

训练科目	推挡后退射击	备 注
训练目标	通过训练使参训人员掌握摆脱纠缠后,快速后退出枪射击的动作要领,形成紧急情形下概略射击的反应	
训练口令及动作流程	准备(射手在操作台前成戒备姿势站立)—取枪(单手取枪成腹前戒备姿势)—验枪(按程序自行验枪)—枪入套(非持枪手置于腹前,单手以"7"字手型装枪入套并扣好枪套扣)—射手取3发子弹装入一个弹匣(射手自行向弹匣压弹3发)—枪不出套上弹匣(单手推弹匣入枪,并回拉确认)—进入起点(射手到标靶前指定位置就位)—开始—推击标靶,后退至射击地线后拔枪上膛—警告(大声发出语言警告)—射击2个标靶各1发(分别向两个标靶瞄准射击1发)—沉枪观察(低姿戒备观察标靶)—胸前戒备,左右观察(双手胸前戒备,分别向左右两侧观察)—换满弹匣(保持胸前戒备姿势,完成战术性换弹)—关保险(利用非持枪手关闭保险)—枪入套(非持枪手置于腹前,持枪手单手以"7"字手型装枪入套并扣好枪套扣)—停,返回操作区(射手自行返回操作台前)—验枪(射手按程序验枪后,将枪置于操作台,将掉落子弹放回原位)	转轮手枪装弹后,首发不应为空枪,保持两枪中间不应为空枪 3发以下利用散弹装填
考核口令	准备(听到准备口令考核开始,射手自行完成取枪、验枪、枪入套、压子弹、弹匣入枪后,在标靶前指定位置就位)—开始(听到开始口令计时开始,按程序完成推挡、射击、战术换弹、关保险、枪入套等动作后,成戒备姿势,其间第二发子弹枪响时计时结束)—停(射手返回操作台,自行完成验枪并将枪及弹匣置于操作台,将掉落子弹放回原位置后,考核结束)	
训练器材	1.手枪1支 2.弹匣2个(其中满弹匣1个) 3.实弹3发 4.目标靶2个 5.口哨1个 6.成绩登记表1张、笔1支 7.帽子、耳塞、护目镜等单警射击防护器材1套	单个靶位训练器材
射击距离	2 m	
射击标靶	半身部位靶	
射击时间	4 s(自下达开始口令至第二发子弹射击枪响)	
成绩评定	1.每发子弹按击中标靶相应分值区域计分 2.6分为优秀,5分为良好,4分为及格,4分以下或错射为不及格 3.听到开始口令开始计时,射手在4 s内未完成第二枪射击,多射或出现错误操作动作,成绩降档 4.违反枪支使用安全守则任何一条,该科目成绩为不及格	
注意事项	听见哨音立即停止射击,成持枪戒备状态,枪口指向安全方向	

武器使用

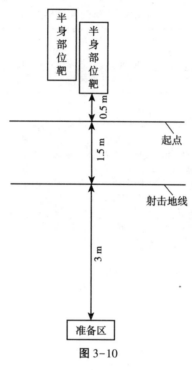

图 3-10

表 3-11 中级训练科目四

训练科目	变向跑动警告射击	备 注
训练目标	通过训练使参训人员掌握变相跑动射击的动作要领,形成利用各种掩护物摆脱纠缠的意识,养成转身后出枪射击的习惯	
训练口令及动作流程	准备(射手在操作台前成戒备姿势站立)—取枪(单手取枪成腹前戒备姿势)—验枪(按程序自行验枪)—枪入套(非持枪手置于腹前,单手以"7"字手型装枪入套并扣好枪套扣)—射手取3发子弹装入一个弹匣(射手自行向弹匣压弹3发)—枪不出套上弹匣(单手推弹匣入枪,并回拉确认)—进入起点(射手在指定位置就位)—开始—射手按规定路线跑入射击地线,面向标靶,拔枪上膛—警告(大声发出语言警告)—射击2个标靶各1发(分别对两个标靶各射击1发)—沉枪观察(低姿戒备观察标靶)—胸前戒备,左右观察(双手胸前戒备,分别向左右两侧观察)—换满弹匣(保持胸前戒备姿势,完成战术性换弹)—关保险(利用非持枪手关闭保险)—枪入套(非持枪手置于腹前,持枪手单手以"7"字手型装枪入套并扣好枪套扣)—停,返回操作区(射手自行返回操作台前)—验枪(射手按程序验枪后,将枪及弹匣置于操作台,将掉落子弹放回原位)	转轮手枪装弹后,首发不应为空枪,保持两枪中间不应为空枪 3发以下利用散弹装填
考核口令	准备(听到准备口令考核开始,射手自行完成取枪、验枪、枪入套、压子弹、弹匣入枪后,在指定位置就位)—开始(听到开始口令计时开始,按程序完成射击、战术换弹、关保险、枪入套等动作后,呈戒备姿势,其间第二发子弹射击枪响计时停止)—停(射手返回操作台,自行完成验枪并将枪及弹匣置于操作台,将掉落子弹放回原位置后,考核结束)	
训练器材	1.手枪1支 2.弹匣2个(其中满弹匣1个) 3.实弹3发	

续表 3-11

训练科目	变向跑动警告射击	备 注
训练器材	4.目标靶 2 个 5.口哨 1 个 6.成绩登记表 1 张、笔 1 支 7.帽子、耳塞、护目镜等单警射击防护器材 1 套	单个靶位训练器材
射击距离	7 m	
射击标靶	半身部位靶	
射击时间	7 秒(自下达开始命令至第二发子弹射击枪响)	
成绩评定	1.每发子弹按击中标靶相应分值区域计分 2.6 分为优秀,5 分为良好,4 分为及格,4 分以下或错射为不及格 3.听到开始口令开始计时,射手在 7 s 内未完成第二枪射击,多射或出现错误操作动作,成绩降档 4.违反枪支使用安全守则任何一条,该科目成绩为不及格	
注意事项	听见哨音立即停止射击,成持枪戒备状态,枪口指向安全方向	

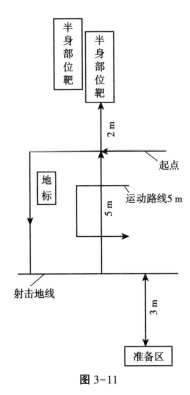

图 3-11

表 3-12 中级训练科目综合考核

训练科目	中级训练科目综合考核	备 注
训练目标	通过考核检验民警对中级科目的掌握情况	

续表 3-12

训练科目	中级训练科目综合考核	备 注
训练口令及动作流程	准备(射手在操作台前成戒备姿势站立)—取枪(单手取枪成腹前戒备姿势)—验枪(按程序自行验枪)—枪入套(非持枪手置于腹前,单手以"7"字手型装枪入套并扣好枪套扣)—射手取 7 发子弹,一个弹匣装 3 发,装入弹匣套(射手自行压弹 3 发装入弹匣套)—另一个弹匣装 4 发,枪不出套上弹匣(向另一弹匣压子弹 4 发,单手推弹匣入枪,并回拉确认)—进入起点(射手进入出发地线)—开始—射手完成 3×10 m 折返跑,至 1 号标靶前—双手推击标靶,后退至射击地线—拔枪上膛(单手提枪出套,完成上膛成双手平肩戒备姿势)—警告(大声发出语言警告)—射击标靶 1 发(向 1 号标靶射击 1 发)—沉枪观察(低姿戒备观察标靶)—胸前戒备,左右观察(双手胸前戒备,分别向左右两侧观察)—关保险(利用非持枪手关闭保险)—枪入套(非持枪手置于腹前,持枪手单手以"7"字手型装枪入套并扣好枪套扣)—按规定路线跑入射击地线后,面向标靶—出枪开保险—警告(大声发出语言警告)—射击 1 发(向 2 号标靶瞄准联动射击 1 发)—沉枪观察(低姿戒备观察标靶)—胸前戒备,左右观察(双手胸前戒备,分别向左右两侧观察)—关保险(利用非持枪手关闭保险)—枪入套(非持枪手置于腹前,持枪手单手以"7"字手型装枪入套并扣好枪套扣)—射手进入掩体后射击区—出枪开保险—警告(大声发出语言警告)—利用挡板上 4 个高度,各向标靶射击 1 发(利用第一高度向 1 号标靶瞄准射击 1 发,换弹匣后,再利用其他 3 个高度向 1 号标靶各射击瞄准 1 发)—起立—胸前戒备,左右观察(射手起立成双手胸前戒备姿势)—换满弹匣(保持胸前戒备姿势,完成战术性换弹)—关保险(利用非持枪手关闭保险)—枪入套(非持枪手置于腹前,持枪手单手以"7"字手型装枪入套并扣好枪套扣)—停,返回操作区(射手自行返回操作台前)—验枪(射手按程序验枪后,将枪及弹匣置于操作台,将掉落子弹放回原位)	转轮手枪装弹后,首发不应为空枪,保持两枪中间不应为空枪 3 发以下利用散弹装填
考核口令	准备(听到准备口令考核开始,射手自行完成取枪、验枪、枪入套、压子弹、弹匣入枪后,在出发地线指定位置就位)—开始(听到开始口令计时开始,按程序完成折返跑、推挡后退射击、变向跑动射击、利用不同高度掩体射击和战术换弹、关保险、枪入套,计时停止,成戒备姿势)—停(射手返回操作台,自行完成验枪并将枪及弹匣置于操作台,将掉落子弹放回原位置后,考核结束)	
训练器材	1.手枪 1 支 2.弹匣 3 个(其中满弹匣 1 个) 3.实弹 7 发 4.目标靶 2 个 5.口哨 1 个 6.成绩登记表 1 张、笔 1 支 7.帽子、耳塞、护目镜等单警射击防护器材 1 套	单个靶位训练器材
射击距离	2、7、12 m	
射击标靶	半身部位靶	
射击时间	90 s(自下达开始口令至最后一次枪入套结束)	
成绩评定	1.每发子弹按击中标靶相应分值区域计分 2.18 分为优秀,15 分为良好,12 分为及格,12 分以下或错射为不及格 3.听到开始口令开始计时,射手在 90 s 内未完成全部动作的,多射或出现错误操作动作,成绩降档 4.违反枪支使用安全守则任何一条,该科目成绩为不及格	
注意事项	听见哨音立即停止射击,成持枪戒备状态,枪口指向安全方向	

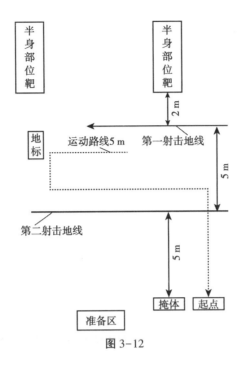

图 3-12

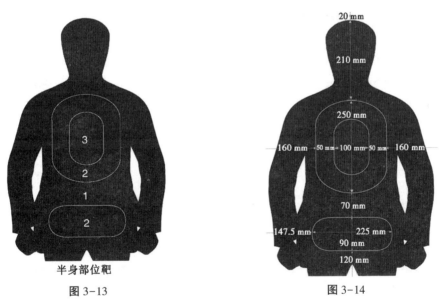

半身部位靶

图 3-13

图 3-14

第四节 高级训练科目

高级训练科目为选训内容,以武器综合性应用为主要内容,是民警使用武器处置各类突发情况能力水平的综合性考核标准,也是各警种开展高水平武器使用考核的参考科目。

武器使用

高级科目实施细则

一、主要内容

民警须在最短时间内,采用多种战术动作连贯完成近距离快速识别射击、快速抵近射击、应急退防射击三个科目。

二、操作办法

以射击命中环数与实际用时(完成时间与违规加时之和)计算成绩。

(一)场地及装备

1.场地:靶场设 A、B、C 三个射击区(即快速识别射击、快速抵近射击、应急退防射击)。按键启停计时器 1 个;压发控制隐显靶机 9 个;联动隐显靶机 4 个;假人 1 个;射击准备桌 1 个;掩体 1 个。(场地示意图附后)

2.枪支:每名射手 QSZ92 式 9 mm 手枪 1 支、弹匣 3 个。

3.弹数:每名射手 20 发子弹。

4.标靶:实景半身目标靶 6 个。(标靶图附后)

(二)着装要求

1.射手统一着作训服、防弹背心,穿作训靴、戴作训帽和护目镜,佩带腰带、枪套(带卡锁)、弹匣套等。

2.射手严禁戴战术手套、护腕或采取缠绷带等方式加压固定手腕。

三、操作流程

射手听指挥员装弹口令,对用枪及子弹数量检查核对无误后将子弹压入弹匣(其中两个弹匣各装弹 5 发,另一个弹匣装弹 10 发),将其中一个 5 发实弹匣枪弹结合,子弹不上膛,扣好枪套扣或卡笋闭锁,其他的实弹匣装入备用弹匣套内(每次更换弹匣只许拿取一个)。准备完毕后向教官报告"准备完毕"。待教官检查无误后,原地待命。

射手听见教官"开始"口令后,自行拍压计时器,计时开始,按区域顺序及射击流程连贯进行。

(一)A 区(快速识别射击)

1.射手进入 A 射击区,自行按压隐显靶机控制器,标靶显示(其中设 1 号、2 号两个目标靶),此时方可拔枪、上膛,识别判断标靶中可射击的一个目标靶,采用立姿或跪姿完成 5 发子弹快速射击;

2.射击第一个目标靶后,射手在射击区内更换弹匣(5 发实弹匣),横向移动至射击区另一个目标靶位置,采取跪姿或立姿完成 5 发子弹快速射击(对两个目标靶采用的射击姿势不允许重复);

3.射击第二个目标靶后,射手应在 A 射击区内更换弹匣(10 发实弹匣),关保险,枪入套,扣好枪套扣或卡笋闭锁,按规定路线迅速移动至 B 区。

(二)B 区(快速抵近射击)

1.射手进入 B 射击区,自行按压标靶控制器,快速出枪并沿指定线路,对 3 号目标靶、4 号目标靶、5 号目标靶分别射击 2 发子弹(目标靶同时显示,各目标靶显靶时间依次为 2 s、4 s、6 s,要求对 3 号目标靶射击必须为联动射击);

2.对5号目标靶射击完毕后或5号目标靶已隐靶而未完成射击,射手必须关闭枪支保险,枪入套,扣好枪套扣或卡笋闭锁,迅速移动至C区。

(三)C区(应急退防射击)

1.射手沿规定线路移动至假人摆放处,使用推挡动作将假人击倒;

2.假人被击倒到位后,6号目标靶显示,射手迅速退防至掩体后出枪,利用掩护物,采用立姿无依托姿势,向目标靶头部、胸部各射击2发子弹(其中第一发必须为联动射击);

3.对6号目标靶射击完毕后,原地退子弹、验枪、关保险,枪入套,扣好枪套扣或卡笋闭锁;

4.完成后,跑回出发准备区,自行按压计时器终止计时,结束。

四、安全技术守则

(一)射手必须按照《公安民警警械武器使用训练教程》和有关要求,严格遵守枪支安全操作规定。

(二)训练、考核或比武过程中,枪口不得指向标靶区以外的方向。

(三)每个弹匣必须按规定数量装填子弹,并将弹匣放入弹匣套内。

(四)射击时必须佩带防弹背心、防护眼镜和作训帽,可佩戴防护耳罩或耳塞。

(五)实弹练习时不准多人重叠练习,不准对侧、后方瞄准。故障处理须在规定的安全区(故障排除区)内进行。

五、规则

(一)射手实际用时为计时器计时与违规加时相加的总时长。

(二)标靶射击部位上出现超过规定射击数量的弹着,扣除最高环数弹着。

(三)训练、考核或比武过程中出现哑弹,由射手自行排除,其间不停止计时,必须按规定流程继续完成全部射击科目,射击成绩根据实际数量的弹着计算。经指挥员根据有关规定认定为哑弹的,哑弹成绩按该射于射击同一目标靶最低环数弹着计入射击成绩(出现哑弹,不补射、不补时、不重新操作)。

(四)有下列情况之一的,经指挥员确认,可以重新操作。

1.枪支出现部件断裂等严重机件故障无法继续进行的;

2.非射手人为操作造成的设施故障,导致无法正常进行的。

(五)有下列严重违规行为之一的,不计成绩:

1.未按指挥员口令私自动用枪弹,经指挥员制止仍不纠正的;

2.违规携带枪支、子弹的;

3.枪支从手中脱落、走火以及其他可能造成安全事故的;

4.未按流程或违反指定线路完成任务的;

5.未按要求着装,经指挥员指出仍不纠正的;

6.受酒精、药物影响或违反道德精神的;

7.射手中途自行退出场地的。

(六)有下列情形之一的,每出现一次计时加时5 s:

1.指挥员发出"装弹"口令前,将子弹上膛的;

2.指挥员发出"开始"口令前,抢时拍压计时器的;

3.指挥员发出"开始"口令前从枪套中拔出枪支的;
4.使用掉落在地上的子弹或实弹匣的;
5.没有按照规定射击姿势射击的;
6.没有进入规定射击区域拔枪的;
7.射手脚或膝盖等触地部位越过射击地线的;
8.枪口指向超过安全方向的;
9.未按规定采用联动射击的;
10.没有在规定射击区域完成验枪、换弹匣、关保险、枪入套等规定动作的;
11.射击规定目标靶以外其他标靶的。

六、成绩计算

(一)以个人中靶总环数除以总用时(含计时器显示用时和射击动作违反规则加时总和)得出的数为该射手个人成绩。

射手用时记到毫秒,个人和团体成绩均记到小数点后4位。

(二)团队训练、考核或比武时,全体射手射击系数相加之和为该队团体射击成绩,高者名次列前。如相同,比较成绩最高射手成绩,成绩高者名次列前;如再相同,则名次并列。名次排列不空位。

高级标准训练手枪快速射击场地设置及推进路线如图3-15所示,高级标准训练手枪快速射击目标靶示意图如图3-16所示。

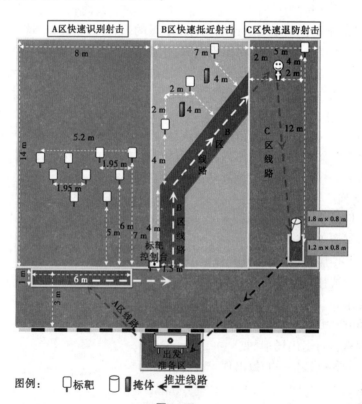

图3-15

图 3-16

注：靶纸尺寸为 540 mm（长）×760 mm（高），标靶上沿距地面总高度为 1 750 mm

第四章 长枪使用

第一节 长枪种类与性能

一、1979 年式 7.62 mm 轻型冲锋枪

图 4-1

（一）战术任务

1979 年式 7.62 mm 轻型冲锋枪（图 4-1），简称 79 轻冲，配用 1951 年式 7.62 mm 手枪弹，主要用于杀伤 200 m 以内的有生目标。主要性能与指标见表 4-1。

表 4-1　1979 年式 7.62 mm 轻型冲锋枪主要性能与指标

项目	主要性能与指标
口径	7.62 mm
初速	515 m/s
有效射程	200 m
全枪长	740 mm（打开枪托） 470 mm（折上枪托）
全枪重（含 1 个空弹夹）	1.9 kg
自动方式	导气式
闭锁方式	枪机回转式
发射方式	单发、连发
供弹方式	弹匣供弹
弹匣容量	20 发

续表 4-1

项目	主要性能与指标
瞄准基线长	215 mm
瞄准装置	柱状准星、方形缺口照门
保险机构	手动保险,不到位保险
使用寿命	5 000 发
配用弹种	1951 年式 7.62 mm 手枪弹

（二）全枪结构

该枪由枪身、枪机、枪机框、复进机、气体调节塞、活塞、弹匣等零部件组成,如图 4-2 所示。

（三）工作原理

该枪采用导气式自动方式。枪弹击发后,高压火药气体推弹头向前运动,经导气孔时,一部分火药气体进入导气室冲击活塞,活塞撞击枪机框使其获得动量向后运动。枪机框走完自由行程、带动机芯完成开锁后,继续后坐,完成抽壳、压倒击锤、压

图 4-2

缩复进簧、抛壳、后坐到位。由于复进簧的推动,枪机框向前复进,完成推弹入膛、闭锁、解脱不到位保险并复进到位。

（四）操作方法

该枪的主要操作方法如下。

1. 验枪

将枪口指向前上方无人处。卸下弹匣,打开保险。拉拉机柄向后,检查枪内有无实弹。验完后,送回枪机,空枪击发,装入弹匣,关闭保险。

2. 装弹射击

卸下空弹匣,握于枪的一侧,取出实弹匣装入弹匣插槽并卡住;拉拉机柄向后到定位并松开,枪机推一发枪弹进膛,瞄准射击即可。

3. 射击后验枪

卸下实弹匣,握于枪的一侧,拉拉机柄向后,从机匣口处接过退出的枪弹将枪弹压入实弹匣。取出空弹匣装入枪内,击发,关闭保险。

（五）分解结合

分解结合前后应验枪,检查膛内是否有弹,如有弹应将其取出。操作时严禁枪口对人。分解结合应按以下步骤进行。

武器使用

1. 分解

(1) 卸下弹匣。一只手握机匣上方,用拇指按压弹匣卡笋,另一只手向下拽弹匣即可取出(图4-3)。

(2) 打开枪托。左手握表尺下方或握把,右手拇指向后按压前卡销使其与枪托脱离,余指向上扳起枪托,将枪托向上提起并回转,直至被定位销卡住(图4-4)

图4-3

图4-4

(3) 取下机匣盖。打开保险,将快慢机定于"1"或"2"的位置(图4-5),然后握枪托,同时用拇指向前推复进簧导杆,使其解脱机匣盖后,向上推机匣盖,将机匣盖尾部上提,取下机匣盖(图4-6)。

图4-5

图4-6

(4) 取出复进机。一只手握表尺下方,另一只手握住复进簧及导杆向前推,使其后端脱离机匣尾铁,向上向后取出复进机(图4-7)。

(5) 取出缓冲垫和枪机。用右手拇指和食指在机匣尾铁前捏住缓冲垫向上取出(图4-8),将枪机框拉到最后方,向上取出枪机框,再从枪机框上取下枪机(图4-9)。

图4-7

图4-8

图4-9

(6) 取下气体调节塞和活塞。一只手握表尺下方,另一只手用冲子扳开限制簧片,再用冲子从左向右顶出调节塞销并取下;再取下气体调节塞(图4-10),从活塞孔内取出活塞(图4-11)。

图 4-10

图 4-11

2.结合

结合时,按照分解步骤的相反顺序进行。结合后,验枪并关闭保险。

注意:

(1)活塞不能装倒,调节塞销装上后应使卡簧与之套合,以防其滑脱。

(2)枪机与枪机框套合后,枪机必须顺时针回转,使其枪机推动面与枪机框体上的推动面贴靠,然后再将两者与机匣结合,装入机匣后推至最前方定位,装上机框缓冲器。

(3)结合复进机时,应扶住复进簧导杆的前墙及复进簧,防止折弯复进簧并向前推,使导杆前端进入机框的复进机孔,再使其后端套入联结座的孔内。

(4)结合机匣盖时,应先将机匣盖放在机匣上,右手使其后端向前顶住复进簧导杆的后端,并向前推压机匣盖,使其前端进入节套的机匣盖前定位槽内再向下压其后端,使其进入尾座的机匣盖后定位槽,直至复进簧导杆后端从机匣盖的圆孔中凸出为止。

(5)折回枪托时,右手握握把,拇指向前上顶定位销到定位,左手向上折回枪托,同时扳起枪托,然后食指向后压前卡销,拇指向下压枪托,使前卡销锁住枪托。

(六)维护保养

维护保养前后均须验枪,并按以下方法进行。

1.维护保养方法

维护保养前应准备好保养工具。保养工具主要有擦枪工具(随枪附件)擦布、棉纱、枪油等。擦拭材料应清洁、干燥、柔软,不能有泥沙、水和腐蚀性的物质混入。枪油应选择专用擦枪油,不应使用其他油类。对枪支表面进行保养,可用干布进行擦拭,擦净后涂油即可。对枪管、活塞、气体调节塞、枪身、复进机等进行保养,应分解后进行擦拭。擦拭枪管时,应将布穿在通条上,插入枪管沿全长方向均匀地来回擦(弹膛应从后面单独擦拭,以保护枪口不受损伤),擦净后涂油。擦拭时动作要轻,注意不可磨损膛线。擦拭活塞、气体调节塞、复进机等金属机件及其孔、槽、缝隙等部位时,应先擦净烟渣和污垢,再进行涂油。擦拭时动作要轻,不可把表面的氧化膜或磷化膜擦掉。金属表面生锈时,可用布蘸少许油擦去浮锈,要特别注意擦净铁锈及其他污物。保养结束,将各部件结合,验枪并关闭保险。

2.检查

应及时检查枪支状况,保证其处于完好状态。

(1)全枪各部件应清洁无垢,金属件应无锈蚀,涂油正确,特别是枪膛机匣、活塞、活塞孔、弹匣、枪机及复进机各部,非金属件不生霉、不变质,部件不应有碰伤、裂缝、折断、变形及剥落等；各部件上的号码应与基准号一致；各部件应处于保管状态。

（2）准星、表尺各件应完好，固定应可靠。准星移动座上的刻线应与星座上的表线对正。

（3）调节塞前卡销插销上的限制片簧应可靠地卡住调节塞销。机匣盖握把的固定应可靠。

（4）枪托与机匣联结应可靠，枪托不应变形，伸开与折叠应顺利，卡笋或定位卡笋可靠地固定在伸开或折叠状态。

（5）弹匣不应变形，托弹板在弹匣内的运动应灵活，托弹簧应由弹匣盖与弹匣身联结，应确实可靠，且不得移动。

（6）各机件的动作应灵活、准确。向弹匣内装填弹药应顺利，弹匣在枪上装卸应顺利，装上后固定应可靠；活动机件的前后运动应灵活自如，复进应有力，供弹、单发、连发、保险及退壳等动作应准确。

3.注意事项

（1）枪支应定期保养。应经常特别是在天气潮湿时，做好擦拭涂油工作。严禁火烤与暴晒。射击后应将火药残渣、污垢擦拭干净，并用清洁干布擦干再涂油，特别注意擦拭导气孔和机匣内的污垢。

（2）从严寒的室外将枪支带到室内时，应待其出现水珠后再擦拭涂油。被海水浸过，沾上毒剂、酸碱盐物质及放射性物质等，应先用淡水冲洗再擦拭干净，并放在通风干燥处晾干后涂上防护油。

（3）枪支在保管期间应擦拭干净并涂油，枪机、枪机框及击锤应复位关闭保险，装上空弹匣。

（七）故障与排除

79轻冲在使用过程中，易出现以下故障。

1.不送弹（空膛）

故障原因：弹匣没有安装到位；弹匣过脏或损坏；枪机过脏或损坏。

排除方法：检查弹匣是否安装到位；检查弹匣，清除异物；擦拭或修复枪机。

2.卡壳

故障原因：拉壳钩或拉壳钩簧过脏或损坏；抛壳挺损伤；枪机运动不灵活或机匣、枪机上有异物。

排除方法：卸下弹匣，向后拉拉机柄取出卡滞的弹壳；修复或更换拉壳钩簧；修复抛壳挺；擦拭机件并涂油。

3.不抽壳

故障原因：枪机、机匣、弹膛及火药气体通路过脏；枪机后坐不到钩，拉壳钩簧过脏或损坏。

排除方法：卸下弹匣，枪机重新闭锁，再向后拉拉机柄，抽出卡滞弹壳，如未抽出，取出枪机，用通条从枪口将弹壳捅出；擦拭过脏机件；清理、修复或更换拉壳钩；更换拉壳钩簧。

4.不击发

故障原因：击锤簧失效，击锤运动阻力大；击针损坏；机匣、枪机、发射机上有异物。

排除方法:更换新击锤簧;修复或更换击针;擦拭机件并涂油。

5.不连发

故障原因:气体调节塞安装不正确;导气箍、枪机或机匣过脏。

排除方法:正确安装气体调节塞;擦拭过脏机件。

6.复进不到位

故障原因:弹膛、机匣、枪机、复进机过脏或枪油凝结。

排除方法:推枪机到位;擦拭过脏机件;更换弹匣。

(八)备件及随枪附件

1.备件

每支冲锋枪备拉壳钩、复进簧和缓冲垫各1个。

2.随枪附件

每支冲锋枪配油壶、通条、通条接杆、通条头、毛刷、扳手、长冲子及短冲子各1件。

二、QBZ95式5.8 mm自动步枪

(一)战术任务

QBZ95式5.8 mm自动步枪,简称95式步枪,主要配用有DBP95式5.8 mm普通弹,主要用于杀伤400 m以内的有生目标。该枪可配用光学瞄准镜,主要性能指标见表4-2。

表4-2　QBZ95式5.8 mm自动步枪主要性能与指标

项目	主要性能与指标
口径	5.8 mm
初速	920 m/s
有效射程	400 m
枪管长	440 mm
全枪长	760 mm
全枪重(含1个空弹匣,不包含附件)	3.5 kg
自动方式	导气式
闭锁方式	枪机回转式
发射方式	单发、连发
供弹方式	弹匣供弹
弹匣容量	30发
瞄准基线长	325 mm
瞄准装置	柱状准星、觇孔照门、光学瞄准具
保险机构	手动保险,不到位保险

武器使用

续表 4-2

项目	主要性能与指标
表尺分划	100 m、300 m、500 m
使用寿命	10 000 发
配用弹种	主要配用 DBP95 式 5.8 mm 普通弹

(二) 全枪结构

该枪由枪身、枪机、枪机框、击发机、复进机、活塞、活塞簧、气体调节塞等零部件组成。全枪分解图见图 4-12。

(三) 工作原理

该枪采用导气式自动方式,击发后,弹头在高压火药气体压力作用下向前运动。当弹头通过枪管导气孔时,一部分火药气体经过导气孔进入气室,冲击活塞并推动枪机框向后运动,迫使枪机回转,实现开

图 4-12

锁,并带动枪机、击锤一起后坐完成抽壳、抛壳等动作,同时压缩复进簧与击锤簧。当枪机后坐至 116 mm 时,枪机碰撞缓冲器,并压缩缓冲器后坐到位。后坐到位后,依靠缓冲器、击锤簧、复进簧储备的能量推动击锤、枪机复进,复进过程中击锤被连发阻铁挂住,完成推弹入膛和迫使枪机回转实现闭锁枪膛等动作。枪机闭锁后,枪机继续复进压下不到位保险复进到位,全枪完成了一个由击发到待击发的自动循环过程。转换快慢机位置可实现单发或连发动作。

(四) 操作方法

该枪的主要操作方法如下:

(1) 验枪

① 卸下弹匣,旋转快慢机,置于发射位置"1"或"2",向后拉动枪机框,检查膛内是否有弹。

② 射击前仔细检查枪械表尺装定是否正确,枪管、弹匣、击发机、机匣内是否有异物;检查枪械装配是否正确,确定无漏装及错装;旋转快慢机,分别置于发射位置"1""2",空枪拉动枪机框并扣动扳机,检查机构动作是否正常。

③ 将快慢机置于保险位置"0"。平时应使击锤处于解脱状态,但必须确保弹膛内无枪弹,并将快慢机扳在保险位置。禁止扣住扳机不放手又去变换快慢机位置。

(2) 装弹

旋转快慢机,置于保险位置"0"。卸下弹匣,弹匣口向上,双手协力将枪弹压入弹匣。

(3) 射前准备

① 将快慢机置于保险"0"位置。

②将装好枪弹的弹匣由机匣的弹匣插槽插入,并使弹匣挂口与机匣上的弹匣卡笋扣合,当听到"咔嗒"的声音,弹匣安装到位;在安装弹匣的过程中,保持枪口指向安全的方向,且手指不触碰扳机。弹匣装上后,轻轻前后摇动以确保弹匣被牢固锁紧。

③保持枪口指向一个安全的方向,手指不要触碰扳机,根据射击目的将快慢机旋转至"1"或"2"位置。

④手拉枪机框至最后一位松开,枪机在簧力的作用下向前移动,并上膛,准备射击。

(4) 射击

①瞄准目标,手指放入护手圈内的扳机上。

②扣扳机击发第一发枪弹,枪械在火药气体的作用下,完成开锁、抽壳、抛壳等动作。

③机匣左侧的快慢机可以扳动三个位置:"0"是保险位置,"1"是单发射击位置,"2"是连发射击位置。如果快慢机在"1"位置则为单发模式,松开扳机后再次扣动扳机,枪械将会再次击发,以同样的方式进行射击直至枪弹射击完毕;如果快慢机在"2"位置,则为连发模式,枪械将连续进行射击直至松开扳机或枪弹射击完毕。

④射击结束后将快慢机置于保险"0"位置。

⑤向前按压弹匣卡笋,卸下弹匣。

⑥将快慢机置于"1"或"2"位置,手拉枪机框至最后位,检查弹膛确保弹膛里面没有枪弹。如果弹膛里面有枪弹,这个动作可能会将枪弹抛出。

⑦释放枪机和击锤,将快慢机置于保险"0"位置。

⑧检查弹匣,如果弹匣内有未射击完的枪弹,将其取出。

注意

①非实战状态下,严禁枪口指向人员。

②严禁在保险状态下强力扣压扳机,否则扳机可能折断。

③除射击外,其余状态下均须关闭保险,以防意外走火。

(5) 气体调节塞的使用

该枪气体调节塞设有三个位置,供在不同使用条件下选用:"0"为闭气位置,在导气箍正中间,供发射榴弹时使用。"1"为小气孔,为常用导气孔,一般在正常条件下使用。"2"为大气孔,在"1"号导气孔能量不足,或淋雨、风沙、泅渡等恶劣条件下使用(图4-13)。变换气体调节塞时,先按下气体调节塞卡笋使其脱出定位槽,然后旋转塞到所需位置即可。气体调节塞卡笋一定要卡在导气箍上相应的定位槽内。

图4-13

(6) 快慢机的使用

该枪快慢机共有三个位置,即保险位置"0",单发位置"1"和连发位置"2"(图4-14)。

使用时扳动快慢机扳柄,绕轴转动到所需位置即可。枪械使用后,应验枪扣扳机击发,使击锤处于解脱状态,并将快慢机置于保险位置。

(7) 瞄准装置的使用

武器使用

①机械瞄具的使用。该枪机械瞄准装置采用觇孔式表尺,表尺分划有"1""3""5"三个码,分别表示射程为 100 m、300 m、500 m 的射击瞄准位置。

②简易夜瞄装置的使用。简易夜瞄装置是由表尺上方涂有荧光粉的小孔(准星)与准星护圈两边涂有荧光粉的两个小孔(表尺)构成,即倒置式简易夜瞄装置。使用时,"准星"荧光粉亮点、"表尺"上荧光粉亮点间中点与目标构成一线。

图 4-14

③光学瞄准镜的使用。该枪表尺座上设置有光学瞄准镜安装座,可安装光学瞄准镜。

(五)分解结合

分解结合前后应验枪,检查膛内是否有弹,如有弹应将其取出。操作时严禁枪口对人。分解结合应按以下步骤进行。

1.分解

(1)卸下弹匣。握住弹匣,拇指用力压弹匣卡笋,向前扳弹匣,即可卸下弹匣(图4-15)。

(2)卸下枪托。右手拇指用力压住托底,左手拇指从左向右将枪托销拉出(图4-16),再用左手压住托底,右手从右边将枪托销拉出(图4-17),然后左手握住机匣,右手握住枪托向后拉,即可取下枪托(图4-18)。

图 4-15

图 4-16

图 4-17

图 4-18

(3)取出击发机和复进簧。枪托取出后,左手握住机匣尾部,右手向后拉动击发机即可取出击发机(图4-19)。快慢机必须置于发射位置方可取出击发机。然后从枪机框尾部的复进簧管孔中取出复进簧(图4-20)。

图 4-19　　　　　　　图 4-20

（4）卸下枪机框。握住机匣尾部，向后拉枪机框即可卸下枪机框（图 4-21）。

图 4-21　　　　　　　图 4-22

（5）取下枪机。向前拉枪机，待枪机开闭锁凸包对准机体上的让位槽，然后向左旋转，取下枪机（图 4-22）。

（6）卸下上护盖。先将上护盖向后退 5～8 mm，然后向上提起上护盖后部，让过光学瞄准镜安装座，继续向后向上提拉，即可卸下上护盖（图 4-23）。

（7）卸下气体调节塞。按气体调节塞卡笋，使气体调节塞退出定位槽，然后向右转动，当右侧面处于水平位置时，向前抽拉即可卸下气体调节塞（图 4-24）。

图 4-23　　　　图 4-24　　　　图 4-25

（8）取出活塞和活塞簧。用手捏住活塞向后拉动，压缩活塞簧，松手后，在簧力的作用下，活塞头部中弹出导气箍，即可取出活塞和活塞簧（图 4-25），也可直接向前推出活塞和活塞簧。

2.结合

结合时，按照分解步骤的相反顺序进行。结合后扣扳机，使击锤处于解脱

注意：

（1）严禁拆下击发机后拉动击锤，用击锤簧力带动击锤冲击复进簧座圈，否则复进簧座圈销将被剪断。

（2）非必要时，不应分解下护手、快慢机、发射机状态，放松击锤簧，关闭保险。

(3)非特殊恶劣条件下,调节塞应装定在"1"孔(小孔)位置。

(六)维护保养

维护保养前后均须验枪,并按以下方法进行。

1.维护保养方法

维护保养前应准备好保养工具。保养工具主要有擦枪工具(随枪附件)、擦布、棉纱、枪油等。擦拭材料应清洁、干燥、柔软,不能有泥沙、水和带有腐蚀性的物质混入。枪油应选择专用擦枪油,不应使用其他油类。对枪支表面进行保养,可用干布进行擦拭,擦净后涂油即可。对枪管、活塞、气体调节塞、枪身、击发机、复进机等进行保养,应分解后进行擦拭。擦拭枪管时,应将布穿在通条上,从弹膛进入均匀地来回擦拭,以保护枪口不受损伤,擦净后涂油。擦拭时动作要轻,注意不可磨损线。擦拭活塞、气体调节塞、复进机等金属机件及其孔、槽、缝隙等部位时,应先擦净烟渣和污垢,再进行涂油。擦拭时动作要轻,不可把表面的氧化膜或磷化膜擦掉。金属表面生锈时,可用布蘸少许油擦去浮锈,要特别注意擦尽铁锈及其他污物。拭塑料件时,只要用布擦净污物、尘土即可,不可涂油。擦拭瞄准镜时,应先用毛刷擦去玻璃表面的灰尘,再用清洁的绒布轻轻地擦拭干净;金属表面如有防护层脱落时,应涂上一层防锈油,严禁将油涂在玻璃表面上。保养结束,将各部件结合,验枪并关闭保险。

2.检查

应及时检查枪支状况,保证其处于完好状态。

(1)机构动作。供弹、闭锁、待击发、击发、开锁、抽壳、抛壳等机构动作应确实可靠;保险动作应确实可靠。

(2)准星。准星不应有松动、变形、碰伤和发白,准星的高低位置不应影响结合的牢固性和瞄准。

(3)膛口装置。消焰槽不应有变形,口部不应有碰伤的凸起金属。

(4)气体调节塞。应能顺利地装入;应能顺利转到并被卡笋定位在"0""1""2"三个位置上。

(5)表尺。表尺折叠和打开顺利,与表尺座连接牢固,表尺觇孔内不允许有异物堵塞。

(6)弹匣。装卸应顺利,弹匣卡笋应能将弹匣确实固定在机匣上;与连接座结合应牢固。机匣上的左右松动不应影响活动件的运动。

(7)瞄准镜。装卸应顺利,瞄准镜结合在步枪上,不应有横向和纵向松动;瞄准镜镜内分划应清晰,方向与距离调整机构应能顺利调整。

3.注意事项

(1)枪支应定期保养。应经常特别是在天气潮湿时,做好擦拭涂油工作。严禁火烤与暴晒。射击后应将火药残渣、污垢擦拭干净,并用清洁干布擦干后再涂油,特别注意擦拭导气孔和机匣内的污垢。

(2)从严寒的室外将枪支带到室内时,应待其出现水珠后再擦拭涂油;被海水浸过、沾上毒剂、酸碱盐物质及放射性物质等,应先用淡水冲洗后再擦拭干净,并放在通风干燥处晾干后涂上防护油。

(3) 枪支在保管期间应擦拭干净并涂油,枪机、枪机框及击锤应复位关闭保险,装上空弹匣。

(4) 配用瞄准镜应擦拭干净,戴上护罩,照明装置的开关置于"关"的位置,取出电池;瞄准镜及其配套件、备件、附件、装护具等均装于包装盒内。枪支及瞄准镜应一同放入指定位置。

(七) 故障与排除

该枪在使用过程中,易出现以下故障。

1. 顶弹

故障原因:弹匣内有异物或没有安装到位;枪机运动有卡滞。

排除方法:卸下弹匣,拉枪机框向后,将枪弹倒出;检查弹匣,清除异物;更换弹匣卡笋;擦拭机件并涂油。

2. 不送弹(空膛)

故障原因:弹匣没有安装到位;弹匣过脏或损坏;枪机过脏或损坏;气体调节塞堵塞。

排除方法:检查弹匣是否安装到位;检查弹匣,清除异物;擦拭或修复枪机;用铰刀清铰导气孔并清除气体调节塞气室内的异物。

3. 卡壳

故障原因:拉壳钩损坏;拉壳钩簧损坏;抛壳挺损伤;枪机运动不灵活或机匣、枪机上有异物。

排除方法:卸下弹匣,向后拉住枪机框取出卡滞的弹壳;修复或更换拉壳钩;更换拉壳钩簧;修复抛壳挺;擦拭机件并涂油。

4. 不抽壳

故障原因:枪机、机匣、弹膛及火药气体通路过脏,枪机后坐不到位;拉壳钩过脏或损坏;拉壳钩簧损坏;气体调节塞安装不到位。

排除方法:卸下弹匣,枪机重新闭锁,再向后拉动枪机框,抽出卡滞弹壳,如弹壳未抽出,取出枪机,用通条将弹壳从枪口捅出;擦拭过脏机件;清理、修复或更换拉壳钩;更换拉壳钩簧;检查气体调节塞是否安装到位。

5. 扳机不复位

故障原因:机匣、枪机、发射机上有异物。

排除方法:卸下弹匣,取出弹膛内枪弹;擦拭机件并涂油。

(八) 随枪附件

每支枪配1个附件筒,筒内装有通条柄、通条接杆、通条接头、油毛刷、冲子、准星扳手、铰刀等。

三、QBU88 式 5.8 mm 狙击步枪

图 4-26

（一）战术任务

QBU88 式 5.8 mm 狙击步枪（图 4-26），简称 88 式狙击步枪，主要配用 DPA 式 5.8 mm 机枪弹，通常与光学瞄准镜配套使用，主要用于狙杀 800 m 以内的单个有生目标。QBU88 式 5.8 mm 狙击步枪主要性能与指标见表 4-3。

表 4-3　QBU88 式 5.8 mm 狙击步枪主要性能与指标

项目	主要性能与指标
口径	5.8 mm
初速	895 m/s
有效射程	800 m
全枪长	920 mm
全枪重	4.2 kg
自动方式	导气式
闭锁方式	枪机回转式
发射方式	半自动
供弹方式	弹匣供弹
弹匣容量	10 发
瞄准基线长	394 mm
瞄准装置	柱状准星、缺口式表尺板,光学瞄准具
保险机构	手动保险,到位保险
射击精度	100 m 时,RSO≤2.9 cm;800 m 时,RSO≤30 cm
使用寿命	6 000 发
配用弹种	主要配用 DPA 式 5.8 mm 机枪弹

(二)全枪结构

该枪由枪身、枪机、枪机框、复进机、气体调节塞、活塞、活塞簧、弹匣、枪托、脚架等零部件组成,全枪分解图如图4-27所示。

(三)工作原理

该枪是导气式半自动武器。击发后,当弹头通过枪管导气孔时,一部分火药气体进入导气箍的气室,冲击活塞并推动自动机向后运动,迫使枪机回转,实现开锁,并带动枪机一起后坐完成压倒击锤、抽壳、抛壳等动作,同时压缩复进簧与击锤簧。

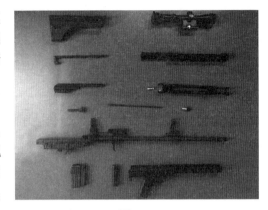

图4-27

当自动机惯性后坐到位后,依靠击锤簧、复进簧储备的能量推动自动机复进,自动机完成推弹入膛和迫使枪机回转实现闭锁枪膛等动作。枪机闭锁后,自动机继续复进压下不到位保险复进到位,全枪完成了一个由击发到待击发的自动循环过程。

(四)操作方法

该枪的主要操作方法如下。

1.验枪

按压弹匣卡笋,取出弹匣,打开保险,拉动枪机框检查膛内是否有弹,检查各机构动作是否灵活。在没有异常情况下空枪击发,检查击发发射机构动作有无异常,然后装入弹匣,关闭保险。

2.装弹

弹匣口向上,双手协力将枪弹压入弹匣,再将弹匣插入弹匣槽内,直至被弹匣卡笋锁住。

3.瞄准

使用机械瞄具时,要竖起准星和表尺。表尺采用觇孔形式,用手转动表尺盘装定"0"~"8"码,分别对应100 m~800 m上使用。使用光学瞄准镜时,首先将瞄准镜上的燕尾部分对准枪上燕尾座的缺口,落下后再将瞄准镜向前方推到位,按逆时针方向用力转动扳手到位,便可将瞄准镜安装在枪上。

4.射击

打开保险,拉枪机框到位后释放,送第一发枪弹上膛,瞄准目标,稳压扳机射击。射击弹尽时会出现空仓挂机状态。若要继续射击,按压弹匣卡笋取出空弹匣,装入有弹弹匣,拉枪机框到位后释放,便可继续射击。

5.射击后验枪

射击完毕后必须验枪。验枪要特别注意,在枪弹还没有打尽时枪膛内会留有枪弹。在按压弹匣卡笋取出弹匣后,应拉动枪机框退出膛内枪弹,将枪弹装入弹匣。确认无误后进行空枪击发,验枪完成后关闭保险。

6.脚架的使用

武器使用

该枪配有可拆卸、可折叠、可调节火线高低的脚架,供战时或紧急情况下无依托时架枪使用。

(五)分解结合

分解结合前后应验枪,检查膛内是否有弹,如有弹应将其取出。操作时严禁枪口对人。分解结合应按以下步骤进行。

1.分解

(1)卸下弹匣。将手置于弹匣下方,拇指按压弹匣卡笋,向下取出弹匣(图4-28)。结合时将弹匣垂直插入弹匣槽内,使弹匣卡笋扣住。

(2)卸下瞄准镜。扳动旗形手柄旋转到最后方位置(图4-29),沿燕尾将瞄准镜向后拉到最后位置,卸下瞄准镜(图4-30)。

图4-28　　　　　　　图4-29　　　　　　　图4-30

(3)卸下枪托。将插销向右拨至极右位置(图4-31),向后卸下枪托(图4-32)。

图4-31　　　　　　图4-32

(4)卸下复进机。向前推复进机座,使其脱离限制槽后向上取出复进机(图4-33)。

图4-33　　　　　　　图4-34　　　　　　　图4-35

(5)取出枪机组件。将保险置于击发位置,拉动枪机框到最后位,向上取出枪机框(图4-34),将枪机向左旋转,当枪机前端凸笋与枪机框分离后,向前取出枪机(图4-35)。

注意：

结合枪机组件时，应先压倒击锤，将其拉到机匣后方缺口放入，向前推到位保险扣住，再将枪机框对准。

（6）卸下上护盖。使表尺、准星座处于直立位置后（图4-36、图4-37），将插销向右拨至极右位置（图4-38），向前推上护盖，使之脱离表尺座，同时向上提，即可卸下上护盖（图4-39）。

图 4-36

图 4-37

图 4-38

图 4-39

（7）卸下发射机。用准星扳手转动发射机连接轴，使其挂钩对准机匣左方轴孔缺口，然后向右取出连接轴，即可向下卸下发射机。无必要时不拆卸发射机。结合时，应使扳机杠杆缺口对准发射机拉杆接头。

（8）卸下脚架。用手捏住脚架体，使两脚架柄张开，即可取下脚架（图4-40）。

（9）取出气体调节塞、活塞。用弹壳或拇指向后压卡笋，同时向左转动气体调节塞使之解脱，然后向前推出（图4-41）；将活塞杆向前推动，即可卸下活塞、活塞杆、活塞簧（图4-42、4-43）。结合活塞杆时应将活塞杆装入活塞座孔内，严禁在装好上护盖后从导气箍孔前端装入活塞杆、活塞、气体调节塞等零件。

图 4-40

图 4-41

图 4-42

图 4-43

(10)分解弹匣。用准星扳手压下托弹簧座,同时向前拔除弹匣盖,即可取出托弹簧。无必要可不分解弹匣。

2.结合

结合时,按照分解步骤的相反顺序进行。结合完毕,扣扳机,使击锤位于击发位置,关闭保险。

(六)维护保养

维护保养前后均须验枪,并按以下方法进行。

1.维护保养方法

维护保养前应准备好保养工具。保养工具主要有擦枪工具(随枪附件)、擦布、棉纱、枪油等。擦拭材料应清洁、干燥、柔软,不能有泥沙、水和带有腐蚀性的物质混入。枪油应选择专用擦枪油,不应使用其他油类。对枪支表面进行保养,可用干布进行擦拭,擦净后涂油即可。对枪管、活塞、气体调节塞、枪身、自动机、复进机等进行保养,应分解后进行擦拭。擦拭枪管时,应将布穿在通条上,从弹膛进入枪膛均匀地来回擦拭,以保护枪口不受损伤,擦净后涂油。擦拭时动作要轻,注意不可磨损线。擦拭活塞、气体调节塞、复进机等金属机件及其孔、槽、缝隙等部位时,应先擦净烟渣和污垢,再进行涂油。擦拭时动作要轻,不可把表面的氧化膜或磷化膜擦掉。金属表面生锈时,可用布蘸少许油擦去浮锈,要特别注意擦尽铁锈及其他污物。擦拭塑料件时,只要用布擦净污物、尘土即可,不可涂油。擦拭准镜时,应先用毛刷擦去玻璃表面的灰尘,再用清洁的绒布轻轻地擦拭干净;金属表面如有防护层脱落时,应涂上一层防锈油,严禁将油涂在玻璃表面上。保养结束,将各部件结合,验枪并关闭保险。

2.检查

应及时检查枪支状况,保证其处于完好状态。

(1)机构动作。供弹、闭锁、待击发、击发、开锁、抽壳、抛壳等机构动作应确实可靠;保险动作应确实可靠。

(2)准星。准星不应有松动、变形、碰伤和发白,准星的高低位置不应影响结合的牢固性和瞄准。

(3)膛口装置。消焰槽不应有变形,口部不应有碰伤的凸起金属。

(4)气体调节塞。应能顺利地装入;应能顺利转到并被卡笋定位在"0""1""2"三个位置上。

(5)表尺。不应发白和碰伤;表尺折叠和打开顺利,与表尺座连接牢固,表尺觇孔内不允许有异物堵塞。

(6)弹匣。装卸应顺利,弹匣卡笋应能将弹匣确实固定在机匣上;在机匣上的左右松动不应影响活动件的运动。

(7)瞄准镜。装卸应顺利,瞄准镜结合在狙击步枪上,不应有横向和纵向松动;瞄准镜镜内分划应清晰,方向与距离调整机构应能顺利调整。

3.注意事项

(1)枪支应定期保养。应经常特别是在天气潮湿时,做好擦拭涂油工作。严禁火烤与暴晒。射击后应将火药残渣、污垢擦拭干净,并用清洁干布擦干后再涂油,特别注意擦拭导气孔和机匣内的污垢。

（2）从严寒的室外将枪支带到室内时,应待其出现水珠后再擦拭涂油；被海水浸过,沾上毒剂、酸碱盐物质及放射性物质等,应先用淡水冲洗后再擦拭干净,并放在通风干燥处晾干后涂上防护油。准星尖不许擦白,表尺孔内不许有异物。

（3）枪支在保管期间应擦拭干净并涂油,枪机、枪机框及击锤应复位,关闭保险,装上空弹匣。

（4）配用瞄准镜应擦拭干净,戴上护罩,照明装置的开关置于"关"的位置,取出电池；瞄准镜及其配套件、备件、附件、装护具等均装于包装盒内。枪支及瞄准镜应一同放入指定位置。

（七）故障与排除

该枪在使用过程中,易出现以下故障。

1. 顶弹

故障原因：弹匣内有异物或没有安装到位；枪机运动有卡滞。

排除方法：卸下弹匣,拉枪机框向后,将枪弹倒出；检查弹匣,清除异物更换弹匣卡笋；擦拭机件并涂油。

2. 不送弹（空膛）

故障原因：弹匣没有安装到位；弹匣过脏或损坏；枪机过脏或损坏；气体调节塞堵塞。

排除方法：检查弹匣是否安装到位；检查弹匣,清除异物；擦拭或修复枪机；用铰刀清铰导气孔并清除气体调节塞气室内的异物。

3. 卡壳

故障原因：拉壳钩损坏；拉壳钩簧损坏；抛壳挺损伤；枪机运动不灵活或机匣、枪机上有异物。

排除方法：卸下弹匣,向后拉住枪机框取出卡滞的弹壳；修复或更换拉壳钩；更换拉壳钩簧；修复抛壳挺；擦拭机件并涂油。

4. 不抽壳

故障原因：枪机、机匣、弹膛及火药气体通路过脏,枪机后坐不到位；拉壳钩过脏或损坏；拉壳钩簧损坏；气体调节塞安装不到位。

排除方法：卸下弹匣,枪机重新闭锁,再向后拉动枪机框,抽出卡滞弹壳,如弹壳未抽出,取出枪机,用通条从枪口将弹壳捅出；擦拭过脏机件；清理、修复或更换拉壳钩；更换拉壳钩簧；检查气体调节塞是否安装到位。

5. 扳机不复位

故障原因：机匣、枪机、发射机上有异物。

排除方法：卸下弹匣,取出弹内枪弹；擦拭机件并涂油。

（八）随枪附件

该枪附件在握把内。附件主要包括通条、通条接头、冲子、准星扳手、铰刀、油毛刷和油壶、准星滑座调节器等。

四、97-1 式 18.4 mm 防暴枪

97-1 式 18.4 mm 防暴枪(图 4-44)，简称 97-1 式防暴枪，与 97 式防暴枪的主体结构及功能基本相同。主要区别在于：

1. 将前手柄改成圆形护木。
2. 增加了折叠式枪托。

97-1 式防暴枪既可用折叠枪托抵肩实施精确瞄准射击，也可在枪托折叠状态下进行射击。使用折叠枪托抵肩射击时，用拇指压下按钮将折叠枪托展开。左手握持前手柄或前握把，右手握握把，双手正直向后用力，使枪托确实抵实肩窝，头部保持正直向前，右侧脸部贴于木托贴腮处，瞄准射击目标。97-1 式 18.4 mm 防暴枪主要性能与指标见表 4-4。

图 4-44

表 4-4　97-1 式 18.4 mm 防暴枪主要性能与指标

	主要性能与指标
口径	18.4 mm
枪管长	452 mm
全枪长	923 mm(打开枪托);668 mm(折上枪托)
全枪重(不包含附件)	3.15 kg
动作方式	唧筒式
供弹方式	筒式弹仓
弹仓容量	5 发
瞄准装置	准星、照门
保险方式	扳机保险、到位保险
使用寿命	3000 发
配用弹种	97 式 18.4 mm 催泪弹 97 式 18.4 mm 橡皮弹 97 式 18.4 mm 橡皮霰弹 2006 式 18.4 mm 布袋弹 2010 式 18.4 mm 橡皮子弹等 必要时可配用 97 式 18.4 mm 杀伤弹

五、97-2 式 18.4 mm 防暴枪

图 4-45

(一) 战术任务

97-2 式 18.4 mm 防暴枪(图 4-45),简称 97-2 式防暴枪,配用 97 式 18.4 mm 催泪弹、97 式 18.4 mm 橡皮弹、97 式 18.4 mm 橡皮霰弹、2006 式 18.4 mm 布袋弹、2010 式 18.4 mm 橡皮霰弹等,主要用于震慑、驱散骚乱人群,打击制伏 10 m～100 m 范围内的犯罪嫌疑人,必要时也可配用 97 式 18.4 mm 杀伤弹进行致命性打击。97-2 式防暴枪与 97 式防暴枪的主体结构及功能基本相同,区别在于将前手柄改成圆形护木并增加折叠式枪托,供弹方式改为弹匣供弹。97-2 式 18.4 mm 防暴枪主要性能与指标见表 4-5。

表 4-5　97-2 式 18.4 mm 防暴枪主要性能与指标

	主要性能与指标
口径	18.4 mm
枪管长	385 mm
全枪长	836 mm(打开枪托);635 mm(折上枪托)
全枪重(不包含附件)	3.15kg
动作方式	唧筒式
供弹方式	弹匣供弹
弹仓容量	5 发
瞄准装置	准星、照明
保险方式	扳机保险、到位保险
使用寿命	3000 发
配用弹种	97 式 18.4 mm 催泪弹 97 式 18.4 mm 橡皮弹 97 式 18.4 mm 橡皮霰弹 2006 式 18.4 mm 布袋弹 2010 式 18.4 mm 橡皮子弹等 必要时可配用 97 式 18.4 mm 杀伤弹

武器使用

(二) 全枪结构

该枪主要由枪管组件、机匣组件、枪机组件、护木组件、击发机组件、枪托组件、弹匣组件、枪管固定螺帽等零部件组成,全枪分解图如图4-46所示。

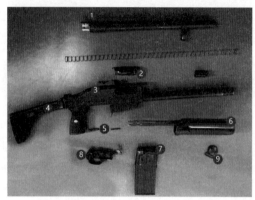

①枪管组件;②枪机组件;③机匣组件;④枪托组件;⑤垫圈机座连接轴;
⑥护木组件;⑦弹匣组件;⑧击发机组件;⑨枪管固定螺帽

图 4-46

(三) 工作原理

该枪为唧筒式滑膛武器,以操作者的手为动力,握持前手柄前后滑动完成供弹、退壳或退弹等动作。操作者左手握前手柄向后拉,带动枪机组件向后移动,完成开锁、抛壳、压倒击锤、从弹匣中推出一发弹药后移到位后,向前推前手柄,带动枪机组件向前移动,击锤被阻铁扣合,压下变换挺使输弹器前端向上托起弹药,枪机推弹入膛,完成闭锁,前移到位,到位保险前端抬起锁住游体支杆,后端落下使阻铁推杆位于阻铁啮合部位,此时,打开扳机保险即可击发。击发后,到位保险解脱对游体左支杆的锁定,此时,该枪又重新处于待击发状态,从而完成一个工作循环。

(四) 操作方法

该枪的主要操作方法如下。

1. 验枪

身体侧对前方站立,关闭扳机保险。右手食指压下到位保险,左手握前手柄向后拉到位,通过抛壳窗观察枪膛、弹舱内是否有弹。确认无弹后推前手柄到极前位,使枪处于待装填状态,扣压扳机进行一次空枪击发,检查各动作是否正确。验枪结束后,关闭枪膛,恢复持枪姿势。验枪时,枪口指向安全方向,向前推手柄时不要压到位保险。

2. 装弹

装弹时,一只手握弹匣,另一只手从弹匣抱弹口前方装入枪弹,将枪弹后推到位。装满5发弹后在弹匣侧面最下方的观察孔可以看见枪弹;将枪弹向下按压几次,应无卡滞。将弹匣装到枪上,压下到位保险,后拉前手柄到位,再推前手柄到位,即完成推弹入膛,使枪处于待击发状态。

3. 瞄准与射击

97-2式防暴枪瞄准系统由固定准星与照门构成,瞄准方法与步枪相同,即照门、准星、目标构成"三点一线"。97-2式防暴枪表尺有"1""2""3"。

三个分划,根据选用弹种和射程的不同,表尺的选择方式如表4-6所示。瞄准目标后,打开扳机保险,扣压扳机即可完成击发。压下到位保险,后拉前手柄到位,完成抽壳和抛壳,再推前手柄到位,即可进行下一发弹药射击。停止射击后,应立即关闭扳机保险。若采用97-2式防暴枪精确瞄准射击时,后手柄距面部的距离至少应在20cm以上,防止枪机后坐撞伤脸部。

表4-6 发射不同弹种表尺参照表

弹种	颜色	弹头触摸标识	表尺
杀伤弹	红色	"一"凸起	表尺"1"50归零
橡皮霰弹	黑色	"二"凸起	表尺"1"35归零
橡皮弹	黑色	"O"凸起	表尺"2"35归零
布袋弹	黑色	"O"凸起	表尺"1"15归零
催泪弹	蓝色	无凸起	表尺"2"或"3"50归零

4.退弹

射击结束后,应将剩余枪弹退出并妥善保管。退弹时应将枪口指向安全方向。退弹结束后应验枪,确保枪中无弹。

注意:

(1)非射击时,手指禁止伸入扳机护圈内。携行、保管时必须始终关闭扳机保险严禁随意扣动扳机。必须使用规定弹药。

(2)注意保护枪支,尽量避免磕、碰、摔、砸。操作时避免用力过猛,以免造成机件损伤。

(3)训练时应尽量减少打空枪,以免损伤击针。

(五)分解结合

分解结合前后应验枪,检查膛内是否有弹,如有弹应将其取出。操作时严禁枪口对人。分解结合应按以下步骤进行。

1.分解

分解结合前后应验枪,检查膛内是否有弹,如有弹应将其取出。操作时严禁枪口对人。分解结合应按以下步骤进行。

(1)取下弹匣。验枪后,关闭扳机保险。按压弹匣扣,取下弹匣(图4-47)。

图4-47　　　　　　图4-48

(2)取下枪管。旋下枪管固定螺帽,将枪管从机匣中抽出(图4-48)。

(3)取下游体和枪机。左手握住机匣,右手握住护木向前拉动,取下游体和枪机(图4-49)。

图4-49

图4-50

(4)取下击发机。用冲子冲出前后轴后,用手拉住击发机座扳机护圈部分,取下击发机(图4-50)。

2.结合

结合时,按照分解步骤的相反顺序进行。结合后,验枪并关闭扳机保险。

注意:

(1)避免零件磕碰,以保护表面氧化层。

(2)取下枪管之后,严禁打开扳机保险扣动扳机,否则容易造成退壳挺簧片损坏。

(3)清洗发射机时,扣动扳机,手扶击锤缓慢释放,以免零件损伤。

(4)分解弹仓后,螺丝刀旋转90°后应缓慢释放,以免弹仓帽弹出伤人。

(六)维护保养

维护保养前后均须验枪,并按以下方法进行。

1.保管

枪支应成完整的结合状态,确保枪机处于闭锁位置,游体位于前方位置击锤处于释放位置,保险处于保险位置,表尺分划处于"1"位置。

2.保养

为保证枪支随时处于良好的工作状态,应进行以下两种保养。

(1)日常保养。应定期对枪支进行日常保养。对枪膛进行保养,应将通条加上干净布条,从枪管尾端向枪口拉出,直至枪膛光亮如新;换上干净布条并蘸上少许枪油对枪管内膛进行擦拭。对金属表面进行保养,应先擦去表面污渍,然后用干净棉布擦拭干净,再用油布涂油保养。如金属表面生锈,可用棉布少许防护油或煤油、汽油擦拭干净后再涂油保养。对塑料件进行保养,应用棉布蘸清水擦去尘土,棉布蘸碱水擦去油污,使其清洁即可,不得用有机溶剂去油。对枪背带进行保养,应在枪背带受污染后,用清水或碱水洗去污物彻底清除盐碱等腐蚀性物质,再晾干。注意皮革部分不得浸水。

(2)射击后保养。射击后除做日常擦拭内容外,还应重点擦拭被火药燃气熏染部位。射击后枪膛应及时擦拭保养,并立即涂上防护油,防止火药残渣硬化难以清除并腐蚀枪膛,待返回驻地后及时擦拭。用带布条的通条擦去膛内油污,然后再用干净棉布擦净枪膛及枪管外表面,最后给枪膛涂油。注意带布条的通条在枪膛内的松紧度,以用力能拉动为宜,过紧费力,过松不能擦净油污。涂油时,通条在枪膛内的松紧度应较擦拭时略松,以利于均匀涂油。枪机、击针、拉壳钩等受火药燃气熏染的部位在射击后,应及时涂油或用油布擦去火药烟。分解后,先擦去油污及烟垢,而后用干净棉布彻底擦拭干净涂油保养。

3.检查

应及时检查枪支状况,保证其处于完好状态。

(1)外部。枪支外部应清洁、无锈蚀和损伤,各部件号码应一致,紧件无松动。

(2)枪膛。拉游体到后方位置,枪机处于开锁状态,在枪机前斜放一白纸反光,从枪口查看膛内是否清洁,有无污垢和锈蚀。

(3)机构动作。将数发弹药装入弹匣,拉动前手柄数次,检查供弹、闭锁开锁、抛壳等动作是否正常。关闭扳机保险,扣动扳机,击锤不得解脱;打开扳机保险,扣动扳机,击锤应解脱。

注意:

(1)新枪在使用前应先擦拭,并涂适量枪油。

(2)应置于干燥通风室内保存,避免与其他易燃易爆物品混放。

(3)应尽量避免沾上污物及酸、碱、盐类物质,如沾上应及时清理干净,并涂油防护。

(4)凡经射弹过多或受风沙、尘土、淋雨、烟雾、漫水等恶劣环境后,必须进行完全分解,擦拭干净,并涂油防止零件锈蚀。

(5)保存过程中,不应长时间处于挂火状态,避免长期挂火造成击锤簧力减弱影响正常击发。

(七)故障与排除

该枪在使用过程中,易出现以下故障。

(1)装弹不到位。

故障原因:弹膛过脏。

排除方法:压下到位保险;握前手柄稍用力向后拉,从抛壳窗中取出该弹,继续向弹仓中装填该弹;向前推前手柄直接上膛,继续向弹仓中装填弹药;擦拭弹膛。

(2)卡弹。

故障原因:弹膛过脏;退壳挺座变形。

排除方法:将前手柄向后稍退一段距离,再向前推就可以顺利上弹;擦弹膛;更换退壳挺座。

(3)空膛。

故障原因:弹匣中有异物或灰尘、油渍过多;托弹簧失效。

排除方法:擦拭弹匣,涂油不宜过量以免挂灰;更换托弹簧。

(4)粘膛。

故障原因:连续射击后,弹膛过热,弹壳变形;弹膛过脏。

排除方法:卸下枪管,清洁弹膛内粘连物,待身管冷却后再推弹上膛射击

(5)不抽壳。

故障原因:弹膛过脏;枪管尾部受磕碰、重压产生变形;拉壳钩齿磨损拉壳钩簧失效;退壳挺座前笋变形或断裂。

排除方法:擦拭弹膛;更换枪管;更换拉壳钩;更换拉壳钩簧;更换壳挺座。
(6)不抛壳。
故障原因:退壳挺片簧变形、断裂。
排除方法:更换退壳挺片簧。
(7)不击发。
故障原因:前手柄向前没有推到位导致闭锁不完全。
排除方法:稍用力向前推前手柄到位。
(8)瞎火。
故障原因:击针损坏;击锤簧损坏;瞎火弹。
排除方法:过10 s后退出该弹,更换弹药;更换击针;更换击锤簧。

(八)随枪附件

该枪的随枪附件一般包括通条杆、通条头、棉刷、毛刷、铜刷、改锥等。

第二节 长枪安全操作及排除故障的方法

突击步枪是特警人员使用的标准武器,在处置危险任务中,是特警人员首选的武器。它轻便灵活,枪战中容易控制,在百米内命中率高,在各种环境下都能保持稳定性和准确性,又可以提供猛烈的火力,适应不同的作战任务需要。我国现在较先进的全自动步枪是"95式"自动步枪,也是目前特种部队和特警队装备的武器之一。

一、长枪携带与合理稳固地据枪

(一)长枪携带

1.胸前两点挂枪如图4-51所示

2.胸前单点挂枪如图4-52所示

图4-51   图4-52

3.胸前三点挂枪如图4-53所示

图 4-53

(二)合理稳固地据枪方法

1.肩托的位置

(1)正确抵肩托的位置如图 4-54 所示。

图 4-54

(2)肩托的错误动作如图 4-55、4-56 所示。

抵肩枪托的位置过高,当枪体后坐时枪托脱离肩窝。抵肩枪托位置太向外或太向下,不但不能很好起到抵肩的作用,而且影响贴腮和瞄准。

图 4-55　　　　　　　图 4-56

2.强、弱手持握的位置和用力方向

(1)强手持握的位置和用力方向如图 4-57 所示。

强手持握把 30°~45°,强手中指、无名指和小拇指拉枪握把使枪托有力抵着肩膀。

武器使用

图 4-57

（2）弱手持握的位置和用力方向如图 4-58 所示。

弱手稳握前护手柄处，也可以将弱手食指伸直指向目标 35°～45°，稍向下拉，抵消连续射击时枪管向上抬起的作用力，并控制枪口的指向。

图 4-58

3. 强、弱手的合力把握方法

（1）强、弱手合力据枪姿势如图 4-59 所示。

双手肘自然下垂与水平线约成 45°角，双臂自然抬起高度一致，双手用力均匀协调，向后稍向下拉、扯，抵消连续射击时枪身向上抬起的作用力。

图 4-59

（2）强、弱手臂据枪动作。

单臂拿起据枪动作如图 4-60 所示，双臂拿起据枪动作如图 4-61 所示，双臂拿起据枪头部贴腮射击的动作如图 4-62 所示。

图 4-60　　　　　图 4-61　　　　　图 4-62

（3）强、弱手臂据枪易犯错误的动作如图 4-63 所示。

双手抬起的高度不一样而造成用力不均匀，当射击后坐时双臂很难控制好枪身，枪身会向不同方向后坐，这样容易造成枪口指向不稳定，会引起难以控制的上下左右摆动。

只有双手臂自然抬起高度一致，用力均匀协调，稳握住枪身，同时双臂向后稍向下拉扯，抵消连续射击时枪管向上抬起的作用力，如此才能控制好枪口的指向和枪身的快速稳定。

图 4-63

二、长枪射击姿势

（一）立姿（图 4-64）

图 4-64

(二)跪姿射击姿势(图4-65)

图4-65

(三)坐姿射击姿势

1.坐姿射击姿势(图4-66)

图4-66

2.坐姿射击动作流程(图2-15)

(1)危险出现,单手举枪同时重心迅速下降(图4-67)。

(2)左手撑地的同时臀部坐在地面上(图4-68)。

(3)上体前倾同时左手握长枪前握把,协助右手稳定枪支(图4-69)。

图4-67　　　　　　　图4-68　　　　　　　图4-69

注意:左手肘关节可支撑在左腿膝关节上,左腿可调节需要的高度

(四)仰姿射击动作流程(图4-70)。

图4-70

(五)卧姿射击动作流程

1.卧姿射击动作注意事宜

卧姿射击时,身体的纵轴线和枪的纵轴线要有一定的夹角,如要保持在一条纵轴线上(图4-71),此时会影响呼吸,也会造成颈部过早地疲劳。

图4-71

2.动作流程(图4-72)

图4-72

三、特警常用戒备姿势

(一)平肩戒备及实际运用

1.平肩戒备姿势

准星和肩平齐如图4-73所示。

武器使用

图 4-73

2.实际运用

(1)视线、具线如图 4-74 所示。

(2)枪上抬瞄具线和视线重合如图 4-75 所示。

图 4-74　　　　　　　　图 4-75

(二)低戒备及实际运用

1.低戒备姿势(图 4-76)

图 4-76

2.实际运用(图 4-77)

低戒备时枪口停留在视线余光能看清的位置。

图 4-77

(三)胸腹前戒备及实际运用

1.胸腹前戒备姿势(图4-78)

瞄具线平行视线。

图4-78

2、实际运用

两手迅速协力上抬枪口;上抬枪口的同时,将枪托送于右大臂内侧;大臂将枪托用力夹于肋部(图4-79)。

图4-79

3.胸腹前戒备容易犯的错误动作

身体重心向后;手臂没有夹住枪托;瞄具线和视线不平行,枪口没有指向眼睛锁定的危险区(图4-80)。

图4-80

(四)胸腹前持枪横向戒备及实际运用

1.胸腹前持枪横向戒备姿势(图4-81)

武器使用

图 4-81

2.实际运用(图 4-82)

在紧急状态下,将枪从体前迅速平着端起进行据枪准射击。此动作也通常用在从掩体上方进行瞄准射击时使用,此方法用于从掩体上方暴露面积少。

图 4-82

四、验枪和性能检查

(一)常规验枪程序

1.安全指向卸弹夹(图 4-83)

图 4-83

2.用左手开保险,左手拉枪机向后,检查枪膛(图 4-84)

3.安全指向、瞄准击发、关保险、装上弹夹(图 4-85)

图 4-84　　　　　　　　　　　　　　　　图 4-85

(二) 快速验枪

快速验枪程序:关保险、拉枪栓检查弹膛(整个检查过程无须卸弹匣)。

1.检查保险

关上保险直接拉枪栓,此时枪栓拉到底只能拉一半,不能推弹匣里子弹上膛,但又能从抛壳窗观察到弹膛的情况。

2.拉枪栓检查弹膛

确定保险是关闭状态(图4-86)。拉枪栓检查弹膛(图4-87)。关保险直接拉枪栓,此时枪栓拉到底只能拉一半,不能推弹匣里子弹上膛,但又能从抛壳窗观察到弹膛情况。

图 4-86

图 4-87

(三) 长枪性能检查方法

性能检查前首先进行安全检查,确定枪膛没有子弹。

1.卸弹匣,退子弹,检查保险是否安全,打开保险,拉枪机向后,关上保险,扣动扳机,检查保险功能。

2.检查机件。拉枪机数次检查是否运动顺畅。

3.检查抛壳窗和抛壳凸笋有无损坏。

4.检查枪管。查看枪管口部是否碰伤,枪管是否弯曲,膛内是否锈蚀或有污垢;活塞有无异常和裂痕,活塞通常调节在"1"的位置。

5.检查退(抓)弹钩与击针是否可以顺利移动,是否有损坏。

6.检查保险和单、连发扳把是否完好。
7.检查瞄具是否完好,是否松动,查看表尺位置是否正确,准星及表尺有无松动。
8.装上空弹匣是否能挂机,弹匣能否顺利卡在枪体上,是否松动。
9.检查弹匣底板是否完好,弹匣是否能顺利压进子弹,弹匣簧和托弹板是否完好。
10.检查活塞有没有反装。
11.检查枪的整体零部件号码是否一致。

五、排除故障

(一)枪机复进没有闭锁(图4-88)

1.看。枪面微向左倾斜观看枪机和抛壳窗的情况。
2.拍。由下向上推压调整弹匣和拍枪体侧面。
3.拉推。向后轻微地拉枪机再向前推枪机,还不能排除故障,则拉枪机重新上膛。

图4-88

(二)击发后枪不响

枪机已闭锁,击发后,子弹没发射,排除此故障的程序是:

1.看。枪微向左倾斜观看枪机和抛壳窗的情况。
2.调整弹匣。由下向上推压调整弹匣;用左手调整弹匣(向前后推拉检查是否装好)。
3.拉。停留10余秒后,拉枪机重新上膛。此时切勿立刻退子弹,枪口指向安全区域停留10秒左右(弹药有可能只是延迟发射,而非完全失效,所以立刻将子弹退出枪膛是有危险的,观察没有问题后再拉枪机退子弹,让下一发子弹上膛)。
4.瞄准目标,再次扣动扳机。

(三)弹壳夹在抛壳窗上

排除此故障的程序如图4-89所示:

1.看。枪微向左倾斜观看抛壳窗。
2.用左手掌向后拨或向侧推排除故障。

图4-89

续图 4-89

（四）卡弹

看、卸弹匣，拉枪机数次，重装弹匣，拉枪机射击如图 4-90~图 4-93 所示。

首先查看，将弹匣卸下；用力将枪机来回拉动数下，将可能残留在槽内的弹头或子弹清除；再将子弹装入枪内；拉动枪机让子弹上膛；瞄准目标，再次扣动扳机。

图 4-90　　　　　　　　　　图 4-91

图 4-92　　　　　　　　　　图 4-93

冲锋枪、突击步枪不可现场排除的常见故障见表 4-7。

表 4-7　冲锋枪、突击步枪不可现场排除的常见故障

故障现象	发生原因	排除方法
不送弹	1.弹匣过脏或损坏 2.机件过脏、枪机后退不到位	1.擦拭过脏机件 2.更换弹匣
不击发	击锤簧弹力不足或击针损坏	更换击针击锤簧
不抛壳	1.子弹、枪机、机匣、弹膛及火药气体通路过脏，复进簧弹力过强，子弹药量不足导致枪机后退不到位 2.抓弹钩过脏或损坏	1.擦拭过脏机件 2.更换复进簧、子弹 3.更换抓弹钩
断壳	1.子弹损坏 2.弹膛过脏	1.将取壳器放入弹膛送枪机到位，猛拉枪机取出弹壳 2.擦拭弹膛并涂油
未闭锁	1.弹膛、枪机、机匣和复进簧过脏或复进簧弹力不足 2.子弹或弹匣口变形	1.推枪机到位 2.擦拭过脏机件 3.更换子弹或弹匣
不连发	1.调节塞装定不正确 2.导气箍、枪机和机匣过脏	1.正确装定调节塞 2.擦拭过脏机件

97-1式防暴枪常见故障的原因和排除方法表见表4-8。

表4-8　97-1式防暴枪常见故障的原因和排除方法

故障现象	表现	故障原因	排除方法
枪弹装填不到位	枪弹从弹仓中直接弹出落到输弹器上,影响继续装填	向弹仓装子弹不到位	确认保险在保险位置,压下到位保险,握护木稍用力向后拉,从抛壳窗中取出该弹,也可以向前推护木直接上膛,之后可以继续向弹仓中装填枪弹
不能击发	保险机构解脱,扣动扳机后,击发机不击发	护木没有推到位,导致闭锁不完全或者扳机轴脱落,扳机不能复位	确认保险在保险位置,稍用力推护木到位。正确安装扳机轴
不发火	扣动扳机,膛内子弹不能发射	1.子弹受潮等原因使底火或发射药失效 2.击针破损,运动受阻 3.击锤簧失效	1.确认保险在保险位置,子弹在击发后不响,应在过几秒后退出该弹,更换子弹 2.更换击针 3.更换击锤簧
不抽壳	射击后向后拉护木,子弹壳不能从弹膛中抽出	1.弹膛由于保养不善,锈蚀或油污过多 2.枪管尾部产生变形 3.拉壳钩齿磨损 4.拉壳钩簧失效	1.经常保养擦拭,防止锈蚀 2.更换枪管 3.更换拉壳钩 4.更换拉壳钩簧
不抛壳	射击后弹壳被抽出弹膛,但未抛出机匣	退壳挺片簧破损	1.快速向后拉护木,弹壳就会抛出 2.更换退壳挺片簧
空膛(不出仓)	拉动护木进行上膛,子弹没有进入弹膛	1.弹仓中有异物或灰尘油渍过多 2.弹仓簧失效 3.输弹帽变形,运动不畅	1.对弹仓进行分解擦拭、清理 2.更换弹仓簧 3.更换输弹帽
卡弹	向前推前手柄用力过猛时,子弹在进膛过程中被卡住,不能顺利进入弹膛。或者射击后,护木向后拉不动,子弹卡在枪膛中	1.上膛时推前护木用力过猛,枪弹在进膛过程被卡住 2.射击后弹壳变形卡在弹膛中	1.将护木稍向后退一下,再向前推即可 2.如果是射击后子弹卡在弹膛中,压下到位保险,将护木拉至后方位置上,如果拉不动,枪口向上以枪托底部撞击地面,将卡住的弹壳拉出来 3.如果弹膛打开子弹仍然卡在里面,可把手指探进枪内,将弹壳取出来,或者用螺丝刀等将卡弹抠出来

第三节　长枪基础射击和应用射击

一、瞄准

长枪瞄准的方式和手枪不同,但击发动作是相同的。长枪的击发动作也是关键,扣动扳机应在同一速度和压力下进行。向扳机加压的力度要适当,刚好解脱击锤即可,这样才能保证枪身不抖动(不破坏瞄具平正)。解脱击锤瞬间,不要将扣扳机的食指移开,击发过程中应该保持与扳机轻微接触,否则马上再射击,食指要重新放入扳机护圈里扣扳机,耽误时间。尤其在连续射击时,食指与扳机保持接触除了方便扣动扳机,同时也可保持扣扳机动作的节奏。

(一)近距离指向性瞄准(7米内)

1. 95 式自动步枪的觇孔式照门(图 4-94)

觇孔式照门优点是精度较高,瞄准简便快捷,受阳光等外界条件的影响较小;缺点是对运动目标射击时不易取提前量。

95 式自动步枪的觇孔表尺为前后翻转的四位纵向转盘式,设置三个档位和简易夜瞄。表尺分为 1、3、5 三个码,分别适合射程为 100、300、500 m 的射击瞄准位置。根据需要翻转即可。简易夜瞄装置是由表尺上方涂有荧粉的小孔(准星)与准星护圈两边涂有荧光粉的两个小孔(表尺)构成,即倒置式简易夜瞄装置。使用时,构成"准星""缺口"倒置平正关系,对准目标即可射击(图 4-95)。

图 4-94

图 4-95

距离越近瞄准的速度就要越快是特警射击的特点,实战中不同目标距离,有相应的据枪姿势的瞄准。

2. 抵肩指向射击(图 4-96)

图 4-96

3. 胸腹前持枪横向抵近射击(图 4-97)

目标距离在 7 m 内,根本没有任何时间进行瞄准,只要将枪口抬起迅速成胸前抵近姿势指向目标,进行概略指向瞄准,枪口处于视线余光范围内,眼睛能见到枪口即可。由于形势危急紧迫,此姿势虽影响射击精度,但是射击速度较快。

图 4-97

(二) 中、远距离瞄准

1. 中距离瞄准(7~15 m)

中距离瞄准的形式同手枪的中距离瞄准形式,当目标处于7~15米内时,中距离瞄准是使瞄准线(枪面)和视线快速重合,瞬间将视力回收,校对准星与缺口的平正面,对准目标(图4-98)。中距离快速瞄准在保持以上动作固定的同时再迅速将视力前推锁定目标(快速瞄准时视线焦点始终处于收回、前推循环状态中),在确保目标清晰的同时,校对准星、缺口,确保准星、缺口平正。此瞄准方式和姿势可确保中距离射击精度,速度也是最快的。

图4-98

2. 远距离瞄准(15 m以外)

当目标距离在15 m外,才有必要以长枪特有的抵肩据枪瞄准姿势进行精确而稳定的瞄准。视力全部集中在准星和缺口的平正关系上,用余光校对目标即可(图4-99)。

图4-99

(1)贴腮(贴腮部远离缺口增加瞄准基线);
(2)两手臂肘部(尤其是弱手臂肘部尽量顶住髋部)贴紧肋部形成三角支架增加稳定性;
(3)塌腰、向前顶腹(增加身体骨架的稳定性);
(4)肘关节自然伸直;
(5)两脚站立与肩同宽或略宽于肩。

快速瞄准训练要点和方法可参照手枪的训练要点与训练方法,在不同距离、不同方向和不同高度等,反复进行练习,瞄具延伸线只要指向瞄准区域就可完成击发,随着熟练程度逐步提高,会逐渐缩小瞄准区,最后将瞄准区缩小到等同瞄准点大小。如果有条件,在训练近、中距离瞄准时,可以在枪管侧面或前面安装一个激光发射器,和瞄具延伸线平行或重合,据枪瞄准到位,保持动作不动,打开光发射器开关,检查激光是否指向眼睛盯住瞄准区内,进行训练。调指向时应用腰部调整,不能只用双臂调整。

二、换弹匣

(一)基本换弹匣

1.常态更换弹匣(图 4-100)

先取下弹匣入弹匣带,再取出实弹匣装上。

图 4-100

2.体前戒备换弹匣姿势(图 4-101)

可在胸前戒备的状态下进行装子弹、换弹匣、排除故障。眼睛盯住危险区,余光观察枪支情况。长枪胸前戒备姿势的动作和手枪胸前戒备姿势是一样的,便于对四周的戒备观察。

图 4-101

(二)快速换弹匣

1.快速换弹匣方法一(图 4-102)

用取出的弹匣侧面直接按压弹匣卡笋,让空弹匣自由落下,再将取出的弹匣插入弹匣插槽装上,保持枪面正直,左手伸开食指拉住枪机到位放开,送弹上膛前握成射击姿势。

97

图 4-102

2.快速换弹匣方法二(图 4-103)

用左手取出备用弹匣,同时用左手大拇指迅速按压弹匣卡笋,让空弹匣自由落下,再将取出的弹匣插入弹匣槽内。

(三)战术性换弹匣

1.战术性换弹匣(图 4-104)

左手将弹匣卸下交到右手握住,迅速取出备用弹匣装上,将换下的弹匣装入弹袋,恢复射击姿势。

图 4-103

图 4-104

2.单手换弹匣(图 4-105)

单手射击需换弹匣时,将枪夹于两膝关节,用单手先卸弹匣入套,再取实弹匣装到枪上(如需拉枪机的,此时拉枪机上膛),单手握好枪将枪托先顶在肩窝处,协力完成单手射击。

图 4-105

续图 4-105

三、据枪射击和保险

(一)据枪射击动作

实战状态和常规状态下持长枪同样是抵肩射击,但两者的任务不同,所面临的突发危险状况不同,战术动作的要求也有明显分别,因此常规的长枪抵肩射击的重心后移、垂直弱手臂、水平固定右手臂的动作都不适用于特警快速反应、机动灵活的抵肩射击姿势。头部及脸、肩部、双臂、上体及腰部、双臂、膝关节、两脚站位见图4-106。

图 4-106

具体要求如下:

1. 枪托紧抵在肩上。
2. 头部稍倾向右侧,右眼与瞄准线重叠。
3. 弱手边的脚踏前一步,左膝微屈。
4. 强手边地脚撑着身躯,右膝锁定。
5. 身体重心靠前,上体前倾。
6. 双手肘自然下垂与水平线约成45°。
7. 强手中指、无名指和小拇指拉着握把,使枪托有力地抵着肩膀。
8. 弱手稳握前护手柄处,稍向下拉扯,抵消连续射击时枪管向上抬起的作用力,并控制枪口的指向。
9. 弱手不可握持着弹匣,这样容易造成枪口指向不稳定,会引起难以控制的上下左右摆动。
10. 由于习惯,弱手可握持着弹匣插槽与枪身接合处。
11. 可以将弱手食指伸直指向目标,与枪管轴线平衡,这对加快瞄准动作有些帮助。
12. 枪托底部压在战术背心特设垫上。
13. 若战术背心上没有此设计,则不要让枪托抵着肩膀的位置太高,否则会压着锁骨,射击时后坐力引起的撞击会导致疼痛,身体也会向后缩而影响射击准确度。
14. 尽量上体正面对着危险区,因为有防弹衣防护,侧面防护性差。

(二)保险操作和据枪开保险射击流程

1. 保险操作

95式自动步枪的保险操作快慢机设置在枪托后方,共有"0""1""2"三个位置,"0"即

武器使用

保险位置,"1"单发位置,"2"连发位置,使用时转动快慢机扳柄,使其绕轴转动到所需位置即可。不使用枪时,验枪后将快慢机置于保险位置(图4-107)。

图4-107

2.据枪开保险射击流程

常规状态的据枪射击程序:举枪、左手打开保险、左手拉枪栓上膛,瞄准射击(图4-108、4-109、4-110)。

图4-108

图4-109　　　　　　图4-110

四、长枪快速应用射击

(一)长枪静态快速射击

1.对多目标射击

对多面、多个目标快速射击方法同手枪的方法和要领(图4-111)。

(1)用腰部带动上体转动。

(2)射击后必须进行周边观察警戒。

图 4-111

2.不同姿势快速射击

(1)跪姿(图 4-112)。

目标突然出现,眼睛盯住目标重心快速下降单膝跪地(强手边的腿),同时双手协力据枪(跪地时不再坐于脚上,身体重心不能全部压在着地的膝关节上,防止受伤),成跪姿据枪射击。

图 4-112

(2)卧姿。

①目标出现,右脚撤步,重心快速下降(稍向前),(图 4-113(a))。

武器使用

图 4-113(a)

②左手撑地两腿依次着地,重心继续前移上身着地,左右手前臂撑地,左右手握枪戒备(图 4-113(b))。

③身体右侧依次着地成卧姿射击姿势,两肘关节撑地(图 4-113(c))。

图 4-113(b)　　　　　　　　　　　　图 4-113(c)

注意:身体重量不能只压在肘关节上,应前臂撑地。

(3)仰姿和坐姿(图 4-114)。

①身体重心下降。

②手撑地顺势坐在地下。

③坐姿,弱手前握枪,肘部撑在膝关节上成坐姿射击姿势。

④仰姿,身体顺势向后躺下成仰姿射击姿势。

图 4-114

(4)侧卧姿。

①左侧卧射击姿势(图 4-115)。

身体左侧倒地左腿伸直,右膝弯曲,将脚和小腿扣于体前,支撑和稳定身体。枪托抵左肩,右大臂外侧着地,支撑和稳定身体。右侧卧:枪托抵右肩,左大臂外侧着地,支撑稳定身体,身体右侧倒地右腿伸直,左膝弯曲,将脚和小腿扣于体前,支撑和稳定身体。

图 4-115

②左侧卧动作程序(图 4-116)。

重心下降左手撑地;左手肘和前臂撑地,身体左侧依次着地;双手调整协力据枪成左侧卧射击动作。

  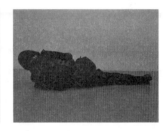

图 4-116

③右侧卧动作程序(图 4-117)。

重心下降左手撑地;左手和右手臂肘部撑地,身体右侧依次着地;双手调整协力据枪成右侧卧射击动作。

  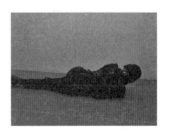

图 4-117

(二)长枪动态快速射击

持长枪移动的动作要领同持手枪移动的动作要领,只是持长枪的动作要保持双臂自然放松状态才能使枪支更加稳定。

武器使用

1.移动射击

（1）移动中瞬间停顿射击。向前或向后持枪戒备移动（图4-118）。

向前或向后持枪戒备移动,瞬间停顿射击,继续向前或向后移动。

图4-118

（2）向左或向右持枪戒备移动（图4-119）。

向左或向右持枪戒备移动,瞬间停顿射击,继续向左或向右移动。

图4-119

2.不同方向移动中射击

不同姿势的转换射击训练如下：

低戒备—看到目标（或听到目标）快速换跪姿射击—四周警戒换卧姿射击—四周警戒—起立四周警戒—挂枪；

低戒备—看到目标（或听到目标）快速跪姿射击—戒备观察—起立（调整呼吸）—再戒备观察—收枪；

低戒备—看到目标（或听到目标）快速仰姿射击—换卧姿射击—换跪姿射击—换立姿射击—戒备观察（调整呼吸）—收枪。

（1）向前或向后移动中射击（图4-120）。

向前或向后移动过程中,据枪瞄准射击注意：射击是在移动中完成,射击时不停顿。

（2）向左或向右移动中射击（图4-121）。

向左或向右移动过程中,据枪瞄准射击注意：射击是在移动中完成,射击时不停顿。

图 4-120

图 4-121

(3)移动中变换姿势快速射击。

向不同方向快速移动—看到目标和听到命令—迅速成跪姿(卧姿)等射击姿势—戒备观察起立(图4-122)。

图 4-122

(三)射击后的戒备观察

1.射击后戒备(观察四周)动作(图4-123)

射击完毕,不要马上将枪收回(放下),在戒备中向四周观察是否安全。观察四周确定

武器使用

安全,再收枪。在收枪过程中,枪口要始终处于戒备状态,做好随时抬枪瞄准射击的准备。

图 4-123

2.射击完毕必须养成戒备观察四周的意识和习惯(图 4-124)

射击后戒备贯穿每组射击科目中,如射击后戒备(观察四周),后快速移动到安全区域;射击后戒备(观察四周),发现目标继续射击—再戒备(观察四周)—再移动等方式。动作方法要领同手枪的方法要领。

图 4-124

第四节 长枪掩护物后射击

一、立姿利用掩体

1.立姿强手边利用掩体

立姿强手边利用掩体长枪射击,脚站在掩体后安全影区里,不能跨越安全影区延伸线外面;长枪、持枪的右手臂及肩托和瞄准的眼睛是暴露在掩体安全影区外侧的,身体其他部位不能出掩体安全影区(图4-125)。

图 4-125

2.立姿弱手边利用掩体

立姿弱手边利用掩体长枪射击时,左、右肩可互换据枪。右肩托利用掩体左侧射击时,暴露的身体会多一些;将肩托整到左肩利用掩体左侧进行射击时,暴露身体面积小。动作要领和方法同强手边利用掩体的动作要领和方法。

(1)常规弱手边(枪托抵右肩)(图4-126)。

图 4-126

(2)枪托换弱手边(枪托抵左肩)(图4-127)。

图 4-127

二、跪姿利用掩体

1.跪姿强手边利用掩体(图4-128)

武器使用

图 4-128

2.跪姿弱手边利用掩体

跪姿利用掩体的动作要领同立姿利用掩体。跪姿时尽可能靠近掩体外侧的腿跪地，便于机动灵活。肩托的方法同立姿利用掩体。

（1）常规弱手边（枪托抵右肩）（图 4-129）。

图 4-129

（2）枪托换弱手边（枪托抵左肩）（图 4-130）。

图 4-130

三、侧卧利用掩体

1.利用车底盘侧卧射击（图 4-131）

图 4-131

2.利用路沿石侧卧射击

(1)左侧卧(图4-132)。

图4-132

(2)右侧卧(图4-133)。

图4-133

四、利用掩体闪出射击

1.利用掩体上方快速闪出射击

(1)枪托抵右肩(图4-134)。

图4-134

(2)枪托抵左肩(图4-135)。

图4-135

武器使用

(3)四种非常规方法(图4-136、4-137、4-138、4-139)。

图4-136

图4-137

图4-138

图4-139

2.利用掩体左、右侧快速闪出射击

(1)立姿掩体右侧快速闪出射击(图4-140)。

图4-140

（2）跪姿掩体右侧快速闪出射击（图 4-141）。

图 4-141

（3）立、跪姿掩体左侧快速闪出射击（图 4-142）

图 4-142

第五节　长短枪互换射击

一、长枪换手枪（图 4-143）

在长枪射击需要换手枪时，两手协力将长枪拉回腹部，左手将长枪按压在腹部（防止摆动阻挡拔手枪动作），同时右手拔出手枪。

图 4-143

武器使用

拔出手枪迅速成单手指向戒备(此时可以射击),继续将枪向前推出成双手腹前指向戒备(此时可以射击),最后成双手据枪射击,完成长枪换手枪。

二、手枪换长枪(图4-144)

在手枪射击需要换长枪时,两手将手枪收回成双手胸腹前戒备(此时可以射击),继续向后收成单手指向戒备(此时可以射击),同时左手按压长枪(防止摆动阻挡手枪入套动作),手枪枪口垂下枪入套。

手枪入套同时左手抓握长枪的前手柄(调整长枪)。

手枪入套后右手迅速抓握长枪握把两手协力将枪抬起,迅速调整射击姿势

图4-144

第六节 97-1式18.4 mm防暴枪安全操作

一、安全检查(验枪)

97-1式防暴枪安全检查前应关闭扳机保险,按安全指向(腹前戒备)—检查枪膛、弹仓—打开扳机保险—瞄准击发—关闭保险—恢复持枪戒备姿势等六个步骤完成安全检查工作。

(一)安全指向

将枪支处于安全状态如图4-145所示。

图 4-145

(二)检查枪膛和弹仓

1.通过抛壳窗检查枪膛及弹仓内有无子弹(图4-146)。

图 4-146

2.如果光线暗看不清,可用手指触摸枪膛及弹仓,确认枪膛及弹仓内有无子弹(图4-147)。

图 4-147

3.将游体护木推至前位,形成完全闭锁(图4-148)。

图 4-148

(三)打开扳机保险(图4-149)

图4-149

(四)瞄准击发(图4-150)

图4-150

(五)关闭保险并恢复持枪戒备姿势(图4-151)

图4-151

二、领取和归还

1.领取

枪弹库枪械员应将枪支处于安全状态,进行枪支安全检查,打开枪膛,将抛壳窗面对领取者进行交接,领取者接过枪并确认枪膛内无弹后,可以提取离开,完成领枪程序:交枪准备—交枪手法—交枪(图4-152、4-153、4-154)。

图4-152　　　　图4-153　　　　图4-154

2.归还

归还者在归还前应在验枪区完成枪支的安全检查,并打开枪膛;枪械员确认枪膛内无弹后,收取枪支,完成归还枪支程序。

三、性能检查

性能检查是为了了解武器质量状况及保养情况,以保证其随时处于完好的战备状态。一般检查步骤:

1.外部:枪支外部应清洁、无锈蚀和损伤,各部件号码一致,拧紧部件无松动。

2.枪膛:拉游体到后方位置,枪机处于开锁状态,查看膛内是否清洁,有无污垢和锈蚀。

3.机构动作:将数发教练弹装入弹仓(弹匣),拉动前手柄数次,检查供弹、闭锁、开锁、抛壳等动作是否正常。

4.关闭扳机保险,扣动扳机,击锤不得解脱;打开扳机保险,扣动扳机,击锤应解脱。

第五章　长枪等级训练

　　《黑龙江省公安民警武器等级训练〈长枪部分〉内容及标准》(以下简称《标准》)根据《人民警察法》《人民警察使用警械和武器条例》《公安机关人民警察现场制止违法犯罪行为操作规程》《公安机关公务用枪管理规定》《公安机关人民警察佩带使用枪支规范》等法律和公安部相关规定,参照公安部《公安民警警械武器使用训练教程》而制定。旨在通过分级训练,使民警熟练掌握枪支基础知识,树立依法使用武器安全意识,规范武器安全操作流程,提高实战技能,便于各级公安机关实施分类指导和考核。

　　《标准》将武器使用训练以民警日常执法实践中常见情形为基本雏形,划分为防暴枪的基础、初、中、高4个等级,8个训练科目,自动步枪、微型冲锋枪的基础、初、中、高4个等级,7个训练科目。其中,高级科目为选训科目也可做比赛科目,基础级标准为必训内容并贯穿等级训练全过程,按照枪支安全操作规程,达标者方可获准参加更高等级的实弹射击训练;完成基础标准考核合格者方可进行初级标准的训练;中级标准为选训内容,依据民警执法中具有代表性的紧急突发情况和高度紧张状态下使用武器基本情形,是警务实战技能战术教官武器使用训练教学资格基本标准;高级标准为选训内容,以武器综合性应用为主要内容,是民警使用武器处置各类突发情况能力水平的综合性考核标准,也是警种战线开展高水平武器使用参考科目。

　　《标准》所涉及法律法规和有关理论原文资料可在公安网黑龙江公安教育训练网络学院(http://10.112.57.211/)进行在线学习。

　　各地可参照此《标准》,针对本地列装的长枪枪型开展训练、考核;训练、考核使用的标靶及靶纸图形以《标准》要求为主,也可根据本地实际使用胸环、半身等常用标靶及靶纸。

第一节　防暴枪等级训练

一、基础级训练科目

　　基础级训练包括2个科目,分别为基础级训练科目一防暴枪安全操作(表5-1)和基础级训练科目二防暴枪不完全分解结合(表5-2)。在掌握枪支安全操作守则基础上练习出枪、验枪、开关保险、装填子弹、瞄准、击发、领还枪支和枪支分解结合等多项基本技能;掌握枪支分解结合的基本方法,对枪支结构和部件有基本性的了解。

　　基础级的训练不涉及实弹射击,基础级是警员进行实弹训练前对枪支熟悉的过程,是安全规范使用枪支基本训练,是进行实弹射击的前提。

安全操作及分解结合训练场地示意图见图 5-1。

表 5-1 基础级训练科目—防暴枪安全操作

训练科目	防暴枪安全操作	备注
训练目标	掌握 97-1 防暴枪出枪、验枪、开关保险、装填子弹、瞄准技术、击发技术、领还枪支程序和枪支安全操作守则	
训练口令及动作流程	准备(射手在操作台前成戒备姿势站立) 取枪(射手自操作台提取枪支成胸前两点挂枪) 验枪(身体侧对前方站立,关闭扳机保险。右手食指压下到位保险,左手握前手柄向后拉到位,通过抛壳窗观察枪膛、弹舱内是否有弹。确认无弹后推前手柄到极前位,使枪处于待击发状态,扣压扳机进行一次空枪击发。验枪结束后,恢复持枪姿势。验枪时,枪口指向安全方向,向前推手柄时不要压到位保险) 向枪内装子弹 1 发(左手握前护木,枪身逆时针旋转,弹仓朝上,右手取出子弹,弹底朝后,用子弹托起输弹器,大拇指向前推子弹,直至听到"咔"的声响时,子弹即装入弹仓) 出枪上膛(弹舱内装满弹药后,压下到位保险,后拉手柄到位,再推前手柄到位,即完成推弹入枪,使枪处于待击发状态) 射击 1 发(训练弹,打开扳机保险,瞄准目标后,扣压扳机即可完成击发,回拉手柄完成抽壳和抛壳,再推前手柄到位,即可进行下一发子弹装填,确认不进行射击后,应立即关闭扳机保险。若采用 97 式防暴枪精确瞄准射击时,枪身后距面部的距离至少应在 20 cm 以上,防止枪机后坐撞伤脸部) 退弹(①退出膛内子弹。关闭扳机保险;右手握机匣后部,食指按压到位保险手向后拉前手柄,膛内子弹被拉出;从抛壳窗中取出膛内子弹。②退出弹舱内子弹。取出膛内子弹后,右手食指推起输弹器并挡在弹舱口;左手将前手柄向后拉至极后端,弹仓中一发子弹即可退出用右手挡住;右手食指压弹仓右侧开关片簧,每压一次退出一发子弹,剩余子弹依次全部退出) 停,枪放下(射手将枪置于操作台后成戒备姿势站立)	注意安全操作
考核口令	准备(射手在操作台前成戒备姿势站立) 开始(射手自行按流程完成全部操作) 停(射手将枪及弹匣置于操作台后成戒备姿势站立)	
训练器材	1.97-1 防暴枪 1 支 2.训练弹 1 发 3.目标靶 1 个 4.口哨 1 个 5.帽子、耳塞、护目镜等单警射击防护器材 1 套	单个靶位训练器材
射击距离	无	
射击标靶	无	
操作时间	无	
成绩评定	1.违反枪支使用安全守则任何一条,该科目成绩评定为不合格 2.实施阶段,射手出现遗漏环节或错误操作,该科目成绩评定为不合格	

表 5-2　基础级训练科目二防暴枪不完全分解结合

训练科目	防暴枪不完全分解结合	备注
训练目标	1.掌握防暴枪的不完全分解结合 2.掌握枪支各部件的名称	
训练口令及动作流程	卸下枪管,验枪后关闭扳机保险,看到红色标识表明枪支处于待击发状态,按压保险到位使之实现保险。压到位保险,将前手柄向后拉20 mm~50 mm,旋下枪管固定螺帽,从机匣中抽出枪管,抽出游体及枪击组件,将枪端平,枪机下方朝上,用手指压下左侧开关片簧前端,向前推前手柄,游体携带枪机从机匣中抽出,取出击发机,用冲子顶出前后两个连接轴,握住扳机护圈,向外取出击发机,分解弹仓,用螺丝刀伸入弹仓前端弹仓帽横槽内向里推至能旋转90°时,慢慢退出弹仓帽,弹仓簧、输弹帽即取出。在取出输弹帽时,应将输弹帽的两个槽对准弹仓的两个向内的凸起,才能取出。 结合按相反顺序。	
考核口令	准备(听到准备口令考核开始,射手举手至肩部准备) 开始(听到开始口令计时开始,射手开始对枪支进行不完全的分解、结合) 停(考核结束)	
训练器材	1.97-1 防暴枪 1 支 2.操作台 1 个	单个靶位训练器材
射击距离	无	
射击标靶	无	
操作时间	180 秒	
成绩评定	1.违反枪支使用安全守则任何一条,该科目成绩记为不及格 2.超时或没有完成,该科目成绩记为不及格	

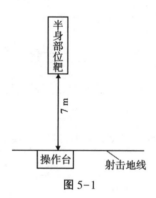

图 5-1

二、初级训练科目

初级训练标准包括 2 个科目,分别为初级训练科目一立姿警告射击(表 5-3)和初级训练科目二掩体利用射击(表 5-4)。旨在使民警掌握实战中射击的程序;学会快速射击的动作要领,掌握首发命中的技能;掌握合理利用掩体,快速进入掩体影区,掩体后立姿和跪姿射击及动作间转化方法,养成更换子弹时观察射击目标的习惯。

在2个训练科目中,立姿警告射击一次练习需3发实弹(实际打2发),掩体利用射击需要3发实弹(实际打2发)。

初级训练科目执行带弹操作标准,每个训练科目结束后,应保持枪膛内还有1发子弹,强化民警实战状态下枪支携带及依法使用后的处置程序及方法。

立姿警告射击训练场地和掩体利用射击训练场地示意图见图5-2、5-3。

表5-3 初级训练科目—立姿警告射击

训练科目	立姿警告射击	备注
训练目标	通过训练使参训人员掌握实战中射击的程序,学会快速射击的动作要领,强化首发命中的技能。	
训练口令及动作流程	准备(射手在操作台前成戒备姿势站立) 取枪(立姿持枪戒备姿势) 验枪(按程序自行完成验枪后成戒备姿势) 验枪后成两点挂枪戒备状态 射手向枪内装3发子弹(左手握前护木,枪身逆时针旋转,弹仓朝上,子弹推入弹仓) 进入射击地线(射手向前至射击地线) 开始 持枪戒备、子弹上膛(压下到位保险,后拉前手柄到位,再推前手柄到位,即完成推弹入膛,使枪处于待击发状态) 警告(大声发出语言警告) 射击标靶1发(射手向标靶射击1发) 沉枪观察(射手在平肩戒备姿势基础上枪口下沉观察标靶) 左右观察(射手在平肩戒备姿势基础上分别向左右两侧观察) 警告(大声发出语言警告) 射击标靶1发(射手向标靶射击1发) 沉枪观察(射手在平肩戒备姿势基础上枪口下沉观察标靶) 左右观察(射手在平肩戒备姿势基础上分别向左右两侧观察) 停(射手按照指令完成相应动作后,恢复低姿戒备姿势) 关保险 停,返回操作区(射手自行返回操作台前) 验枪(射手按程序验枪后,将枪置于操作台,将掉落子弹放回原位)	
考核口令	准备(听到准备口令考核开始,射手自行完成取枪、验枪、压子弹、进入射击地线) 开始(射手自行完成2次警告射击、沉枪观察、左右观察、关保险) 停(射手自行回到操作台前,完成验枪,将枪置于操作台并将掉落子弹放回原位,考核结束)	
训练器材	1.97-1防暴枪1支 2.痛块弹3发 3.目标靶1个 4.口哨1个 5.帽子、耳塞、护目镜等单警射击防护器材1套	单个靶位训练器材
射击距离	15 m	
射击标靶	半身部位靶	

续表 5-3

训练科目	立姿警告射击	备注
操作时间	无	
成绩评定	1.违反枪支使用安全守则任何一条,该科目成绩为不及格 2.实施阶段,射手未出现遗漏环节或错误操作且在规定时间内全部命中,该科目成绩评定为合格,反之只要一项未符合以上要求则成绩评定为不合格	
注意事项	听见哨音立即停止射击,成持枪戒备状态,枪口指向安全方向	

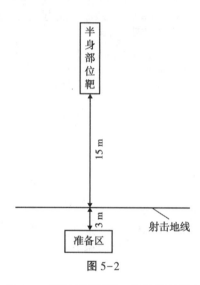

图 5-2

表 5-4　初级训练科目二掩体利用射击

训练科目	掩体利用射击	备注
训练目标	通过训练使参训人员掌握合理利用掩体,快速进入掩体影区,掩体后立姿和跪姿射击及动作间转化方法,养成更换子弹时观察射击目标的习惯	
训练口令及动作流程	准备(射手在操作台前成戒备姿势站立) 取枪(立姿持枪戒备姿势) 验枪(按程序自行完成验枪后成戒备姿势) 验枪后成两点挂枪戒备状态 射手向枪内装 1 发子弹(左手握前护木,枪身逆时针旋转,弹仓朝上,子弹推入弹仓。) 另外 2 发装入子弹套内 进入起点(射手向前进入射击地线) 开始(射手低姿戒备取捷径快速移动进入掩体影区) 射手进入掩体影区保持对标靶观察(射手扶枪戒备调整身体与掩体间距离,利用快速窥视或持续观察方法保持对标靶观察) 据枪,上膛(压下到位保险,上膛,使枪处于待击发状态,平肩戒备) 警告(大声发出语言警告) 立姿射击 1 发(射手向标靶瞄准射击,保持平肩戒备)	

续表 5-4

训练科目	掩体利用射击	备注
	变跪姿,退弹壳,装子弹(射手变跪姿同时,成低姿戒备姿势,装入子弹 2 发,其间观察目标一次) 警告(跪姿成平肩戒备,大声发出语言警告) 跪姿向标靶射击 1 发(射手向标靶射击,保持平肩戒备) 沉枪观察(射手在平肩戒备基础上枪口下沉观察标靶) 低姿戒备,左右观察(枪口向下成低姿戒备,分别向两侧观察) 关保险 停,返回操作区(射手自行返回操作台前) 验枪(射手按程序验枪后,将枪置于操作台,将掉落子弹放回原位)	
考核口令	准备(听到准备口令考核开始,射手自行完成取枪、验枪、压子弹、进入射击地线) 开始(听到开始口令计时开始,射手按程序进入掩体并利用掩体完成全部射击动作后关闭保险后计时停止,起立) 停(射手自行回到操作台前,完成验枪,将枪置于操作台并将掉落子弹放回原位,考核结束)	
训练器材	1. 97-1 防暴枪 1 支 2. 痛块弹 3 发 3. 目标靶 1 个 4. 掩体 1 块 5. 口哨 1 个 6. 成绩登记表 1 张、笔 1 支 7. 帽子、耳塞、护目镜等单警射击防护器材 1 套	单个靶位训练器材
射击距离	15 m	
射击标靶	半身部位靶	
射击时间	60 s	
成绩评定	1.违反枪支使用安全守则任何一条,该科目成绩为不及格 2.实施阶段,射手未出现遗漏环节或错误操作且在规定时间内全部命中,该科目成绩评定为合格,反之只要一项未符合以上要求则成绩评定为不合格	
注意事项	听见哨音立即停止射击,成持枪戒备状态,枪口指向安全方向	

武器使用

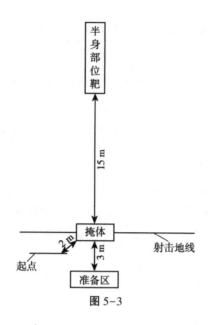

图 5-3

三、中级训练科目

中级训练标准包括 2 个科目，分别为中级训练科目一长短枪互换射击（表 5-5）和中级训练科目二更换弹种（换姿势）射击（表 5-6），通过训练使参训人员掌握枪支互换动作要领，学会在不同情况选择枪支进行射击的方法，准确掌握现场评估，熟练安全操作枪支及射击动作间转化方法，养成射击完毕后观察射击目标的习惯。

训练中，长短枪互换射击一次练习需 5 发实弹（实际打 3 发）、更换弹种射击需要 4 发实弹（2 发痛块弹、2 发动能弹，实际打 2 发）。

长短枪互换射击训练场地和更换弹种（换姿势）射击训练场地示意图如图 5-4、5-5 所示。

表 5-5 中级训练科目一长短枪互换射击

训练科目	长短枪互换射击	备注
训练目标	通过训练使参训人员掌握枪支互换动作要领，学会在不同情况选择枪支进行射击的方法	
训练口令及动作流程	准备（射手在操作台前成戒备姿势站立） 取枪（射手自操作台先提取 97-1 防暴枪成胸前两点挂枪，后提取 92 手枪） 验枪（按程序自行验枪，先进行 92 手枪验枪，非持枪手置于腹前，单手以"7 字"手型装枪入套并扣好枪套扣，后进行 97-1 防暴枪验枪） 低戒备，将枪置于腹前（枪口向下） 射手取 3 发痛块弹装入 97-1 防暴枪内，取 2 发 92 子弹装入弹匣（射手自行压弹） 上弹匣（92 手枪不出套上弹匣，并回拉确认。97-1 防暴枪，左手握前护木，枪身逆时针旋转，弹仓朝上，子弹推入弹仓）进入射击地线（射手进入射击地线，持 97-1 防暴枪成低戒备姿势站立） 开始	

续表 5-5

训练科目	长短枪互换射击	备注
	到达射击地线后,举枪、上膛(压下到位保险,后拉前手柄到位,再推前手到位,即完成推弹入膛,使枪处于击发状态,持枪平肩戒备) 射击标靶1发(瞄准射击标靶1发) 关保险 低戒备,将枪置于腹前(枪口向下) 单手拔出92手枪上膛(射手在射击地线单手提枪,完成子弹上膛,双手持枪平肩戒备) 射击标靶1发 关保险(利用非持枪手关闭保险) 枪入套(非持枪手置于腹前,持枪手单手以"7"字手型装枪入套并扣好枪套扣) 提取97-1防暴枪,据枪,开保险,退弹壳上膛(开启保险) 射击标靶1发(瞄准射击标靶1发) 平肩戒备 关保险 低戒备,将枪置于腹前(枪口向下) 停(自行回到操作台,完成验枪,将枪置于操作台,将掉落子弹放回原位,考核结束。)	
考核口令	准备(听到准备口令考核开始,射手自行完成取枪、验枪、压子弹、弹匣入枪后,在射击地线成低戒备姿势就位) 开始(听到开始口令计时开始,射手自行完成全部长短枪互换射击动作后,关保险,计时停止,成戒备姿势) 停(射手返回操作台,自行完成验枪并将枪及弹匣置于操作台,将掉落子弹放回原位置后,考核结束)	
训练器材	1.97-1防暴枪1支、92手枪1支 2.92弹匣1个 3.实弹5发(痛块弹3发、92弹2发) 4.目标靶1个 5.口哨1个 6.成绩登记表1张、笔1支 7.帽子、耳塞、护目镜等单警射击防护器材1套,单个靶位训练器材	
射击距离	15 m	
射击标靶	半身部位靶	
射击时间	60 s	
成绩评定	1.违反枪支使用安全守则任何一条,该科目成绩为不及格 2.实施阶段,射手未出现遗漏环节或错误操作且在规定时间内全部命中,该科目成绩评定为合格,反之只要一项未符合以上要求则成绩评定为不合格	
注意事项	听见哨音立即停止射击,成持枪戒备状态,枪口指向安全方向	

武器使用

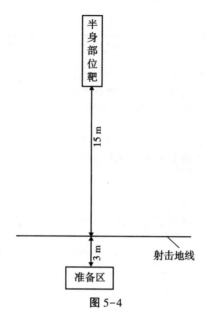

图 5-4

表 5-6 中级训练科目二更换弹种(换姿势)射击

训练科目	更换弹种(换姿势)射击	备注
训练目标	准确掌握现场评估,熟练安全操作枪支及射击动作间转化方法,养成射击完毕后观察射击目标的习惯	
训练口令及动作流程	准备(射手在操作台前成戒备姿势站立) 取枪(立姿持枪戒备姿势) 验枪(按程序自行完成验枪后成戒备姿势) 验枪后成两点挂枪戒备状态 射手向枪内装 1 发子弹后枪口向下成低戒备状态(左手握前护木,枪身逆时针旋转,弹仓朝上,子弹推入弹仓) 进入射击地线(射手向前至射击地线) 开始 持枪戒备子弹上膛(压下到位保险,后拉前手柄到位,再推前手柄到位,即完成推弹入膛,使枪处于待击发状态) 警告(大声发出语言警告) 射击标靶 1 发(射手向标靶射击 1 发痛块弹) 沉枪观察(射手在平肩戒备基础上枪口下沉,观察标靶) 更换子弹(先退出膛内弹壳,再装填 1 发动能弹) 变换射击姿势(抵近射击姿势) 警告(大声发出语言警告) 射击标靶 1 发(射手向标靶射击 1 发) 沉枪观察(射手在平肩戒备姿势基础上枪口下沉观察标靶) 左右观察(射手在平肩戒备姿势基础上分别向左右两侧观察) 停(射手按照指令完成相应动作后,恢复低姿戒备姿势) 关保险 停,返回操作区(射手自行返回操作台前) 验枪(射手按程序验枪后,将枪置于操作台)	注意更换弹种时

续表 5-6

训练科目	更换弹种(换姿势)射击	备注
考核口令	准备(听到准备口令考核开始,射手自行完成取枪、验枪、压子弹、进入射击地线) 开始(听到开始口令计时开始,射手按程序完成全部射击动作后,关闭保险,计时停止) 停(射手自行回到操作台前,完成验枪,将枪置于操作台并将掉落子弹放回原位,考核结束)	
训练器材	1.97-1 防暴枪 1 支 2.痛块弹 1 发、动能弹 1 发 3.目标靶 1 个 4.口哨 1 个 5.帽子、耳塞、护目镜等单警射击防护器材 1 套	单个靶位训练器材
射击距离	15 m	
射击标靶	半身部位靶	
操作时间	70 s	
成绩评定	1.违反枪支使用安全守则任何一条,该科目成绩为不及格 2.实施阶段,射手未出现遗漏环节或错误操作且在规定时间内全部命中,该科目成绩评定为合格,反之只要一项未符合以上要求则成绩评定为不合格	
注意事项	听见哨音立即停止射击,成持枪戒备状态,枪口指向安全方向	

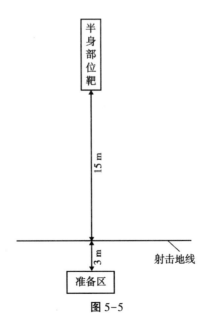

图 5-5

四、高级训练科目

高级训练标准包括 2 个科目,分别为高级训练科目一多目标射击(表 5-7)和高级训练科目二运动后警告射击(表 5-8),通过训练使参训人员掌握枪支互换动作要领,学会在不同情况选择枪支进行射击的方法,掌握模拟实战压力下射击的动作要领,学会在心跳加快、呼吸急促情况下进行射击的方法。

训练中,多目标射击一次练习需要 5 发痛块弹弹(实际打 4 发)、运动后射击一次练习需要 4 发痛块弹(实际打 2 发)。

多目标射击训练场地和运动后警告射击训练场地示意图如图 5-6、5-7 所示。

表 5-7　高级训练科目一多目标射击

训练科目	多目标射击	备注
训练目标	通过训练使参训人员掌握多个目标进行射击的动作要领,养成根据实际情况选择合理射击动作的习惯	
训练口令及动作流程	准备(射手在操作台前成戒备姿势站立) 取枪(立姿持枪戒备姿势) 验枪(按程序自行完成验枪后成戒备姿势) 验枪后成两点挂枪戒备状态 射手向枪内装入 5 发子弹后枪口向下成低戒备状态(左手握前护木,枪身逆时针旋转,弹仓朝上,子弹推入弹仓) 进入射击地线(射手进入射击地线,成低戒备姿势站立) 开始 持枪戒备子弹上膛(压下到位保险,后拉前手柄到位,再推前手柄到位,即完成推弹入膛,使枪处于待击发状态) 向 4 个目标,各射击 1 发(自左而右射击 4 个目标) 平肩戒备 关保险 低戒备,将枪置于腹前(枪口向下) 停,返回操作区(射手自行返回操作台前) 验枪(射手按程序验枪后,将枪及弹匣置于操作台,将掉落子弹放回原位)	
考核口令	准备(听到准备口令考核开始,射手自行完成取枪、验枪、压子弹后,在起点成低戒备姿势就位) 开始(听到开始口令计时开始,射手自行按流程完成 4 个目标射击,关保险,计时停止,成低戒备姿势) 停(射手返回操作台,自行完成验枪并将枪及弹匣置于操作台,将掉落子弹放回原位置后,考核结束)	
训练器材	1.97-1 防暴枪 1 支 2.痛块弹 5 发 3.目标靶 4 个 4.口哨 1 个 5.成绩登记表 1 张、笔 1 支 6.帽子、耳塞、护目镜等单警射击防护器材 1 套	单个靶位训练器材
射击距离	15 m	

续表 5-7

训练科目	多目标射击	备注
射击标靶	半身部位靶	
射击时间	10 s	
成绩评定	1.违反枪支使用安全守则任何一条,该科目成绩为不及格 2.实施阶段,射手未出现遗漏环节或错误操作且在规定时间内全部命中,该科目成绩评定为合格,反之只要一项未符合以上要求则成绩评定为不合格	
注意事项	听见哨音立即停止射击,成持枪戒备状态,枪口指向安全方向	

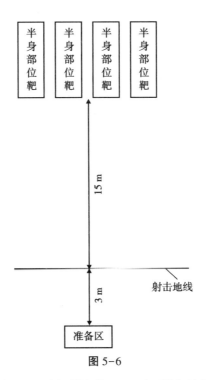

图 5-6

表 5-8 高级训练科目二运动后警告射击

训练科目	运动后警告射击	备注
训练目标	通过训练使参训人员掌握模拟实战压力下射击的动作要领,学会在心跳加快、呼吸急促情况下进行射击的方法	
训练口令及动作流程	准备(射手在操作台前成戒备姿势站立) 取枪(立姿持枪戒备姿势) 验枪(按程序自行完成验枪后成戒备姿势) 射手取4发子弹装入子弹套内(2发痛块弹、2发动能弹) 进入起点(到达指定位置就位,低姿戒备) 开始(射手在起点与射击地线间完成3×10 m折返跑,空枪跑动)	

武器使用

续表 5-8

训练科目	运动后警告射击	备注
	到达射击地线进入 1 号掩体影区,保持对标靶观察(射手扶枪戒备,调整身体与掩体间距离,利用快速窥视或持续观察方法保持对标靶观察) 装弹,上膛,指向标靶(装入 2 发痛块弹,利用掩体一侧指向标靶) 警告(大声发出语言警告) 立姿射击标靶 1 发(瞄准射击 1 号标靶 1 发) 沉枪观察(平肩戒备对标靶观察) 左右观察(分别观察左右两侧) 退子弹(先退出膛内剩余子弹) 低姿戒备(空枪移动至 2 号掩体) 进入掩体影区,保持对标靶观察(射手扶枪戒备,调整身体与掩体间距离,利用快速窥视或持续观察方法保持对标靶观察) 装弹,上膛,指向标靶(装入 2 发动能弹,利用掩体一侧指向标靶) 警告(大声发出语言警告) 跪姿射击标靶 1 发(瞄准射击 2 号标靶 1 发) 沉枪观察(射手在平肩戒备基础上枪口下沉观察标靶) 左右观察(分别观察左右两侧) 关保险(利用强手关闭保险) 停,返回操作区(射手自行返回操作台前) 验枪(射手按程序验枪后,将枪置于操作台,将掉落子弹放回原位)	
考核口令	准备(听到准备口令考核开始,射手自行完成取枪、验枪、在起点成低姿戒备姿势就位) 开始(听到开始口令计时开始,射手自行完成全部射击动作后,关保险,计时停止,成低姿戒备姿势) 停(射手返回操作台,自行完成验枪并将枪置于操作台,将掉落子弹放回原位置后,考核结束)	
训练器材	1.97-1 防暴枪 1 支 2.痛块弹 2 发、动能弹 2 发 3.目标靶 2 个 4.掩体 2 块 4.口哨 1 个 5.成绩登记表 1 张、笔 1 支 6.帽子、耳塞、护目镜等单警射击防护器材 1 套	单个靶位训练器材
射击距离	7 m	
射击标靶	半身部位靶	
射击时间	90 s	
成绩评定	1.违反枪支使用安全守则任何一条,该科目成绩为不及格 2.实施阶段,射手未出现遗漏环节或错误操作且在规定时间内全部命中,该科目成绩评定为合格,反之只要一项未符合以上要求则成绩评定为不合格	
注意事项	听见哨音立即停止射击,成持枪戒备状态,枪口指向安全方向	

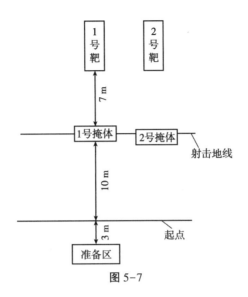

图 5-7

第二节 步枪、冲锋枪等级训练

一、基础级训练科目

基础级训练包括 2 个科目,分别为基础级训练科目一 95 自动步枪安全操作(表 5-9)和基础级训练科目二 95 自动步枪不完全分解结合(表 5-10)。在掌握枪支安全操作守则基础上练习出枪、验枪、开关保险、装填子弹、更换弹匣、瞄准、击发、领还枪支和枪支分解结合等多项基本技能;掌握枪支分解结合的基本方法,对枪支结构和部件有基本性的了解。

基础级的训练不涉及实弹射击,基础级是警员进行实弹训练前对枪支熟悉的过程,是安全规范使用枪支基本训练,是进行实弹射击的前提。

安全操作及分解结合训练场地示意图如图 5-8 所示。

注:步枪冲锋枪等级训练使用枪支以 95 步枪为例,狙击枪安全操作、分解结合参照步枪科目进行。

表 5-9 基础级训练科目一 95 自动步枪安全操作

训练科目	95 自动步枪安全操作	备注
训练目标	掌握出枪、验枪、开关保险、装填子弹、更换弹匣、瞄准技术、击发技术、领还枪支程序和枪支安全操作守则	
训练口令及动作流程	准备(射手在操作台前成戒备姿势站立) 取枪(射手自操作台提取枪支成胸前两点挂枪) 验枪(射手按程序实施验枪,验枪后立姿持枪戒备姿势) 关保险(射手利用非持枪手将保险调制"0"保险关闭,低姿戒备姿势) 开保险(射手利用非持枪手操作保险开启调制"1",低姿戒备姿势) 取 2 发训练弹,一个弹匣压 1 发,装入弹匣套(射手按照口令向弹匣压弹并装入弹匣套)	

续表 5-9

训练科目	95 自动步枪安全操作	备注
	另一个弹匣压 1 发,提前戒备上弹匣(射手按照口令向另一弹匣压弹并装入枪内,回拉确认) 出枪上膛(射手据枪、完成上膛成平肩戒备姿势) 1 发射击(射手在平肩戒备姿势基础上,对标靶瞄准射击,射击后拉动枪机框排出哑弹) 换弹匣(射手左手将弹匣卸下交到右手握住,迅速取出备用弹匣装上) 上膛(平肩戒备指向标靶) 1 发射击,放(射手自行对标靶瞄准射击 1 发后,拉动枪机框排出哑弹) 验枪(射手按程序验枪后,成低姿戒备姿势) 停,枪放下(射手将枪及弹匣置于操作台后,成戒备姿势站立)	
考核口令	准备(射手在操作台前成戒备姿势站立) 开始(射手自行按流程完成全部操作) 停(射手将枪及弹匣置于操作台后,成戒备姿势站立)	
训练器材	1. 95 自动步枪 1 支 2. 弹匣 2 个 3. 训练弹 2 发 4. 弹匣套 1 个 5. 目标靶 1 个 6. 口哨 1 个 7. 帽子、耳塞、护目镜等单警射击防护器材 1 套	单个靶位训练器材
射击距离	无	
射击标靶	半身部位靶	
操作时间	无	
成绩评定	1.违反枪支使用安全守则任何一条,该科目成绩评定为不合格 2.实施阶段,射手出现遗漏环节或错误操作,该科目成绩评定为不合格	

表 5-10 基础级训练科目二 95 自动步枪不完全分解结合

训练科目	95 自动步枪不完全分解结合	备注
训练目标	1.掌握步枪的不完全分解结合 2.掌握枪支各部件的名称	
训练口令 及动作流程	安全指向 卸下弹匣 验枪 卸下枪托 卸下击发机组件及弹簧 卸下上护盖 取出气体调节器组件 结合按相反顺序	

续表 5-10

训练科目	95 自动步枪不完全分解结合	备注
考核口令	准备（听到准备口令考核开始，射手举手至肩部准备） 开始（听到开始口令计时开始，射手开始对枪支进行不完全的分解、结合） 停（考核结束）	
训练器材	1.95 式自动步枪 1 支 2.95 式自动步枪弹匣 1 个 3.操作台 1 个	单个靶位训练器材
射击距离	无	
射击标靶	无	
操作时间	180 s	
成绩评定	1.违反枪支使用安全守则任何一条，该科目成绩记为不及格 2.超时或没有完成，该科目成绩记为不及格	

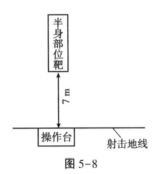

图 5-8

二、初级训练科目

初级系列训练包括 2 个科目，分别为初级训练科目一长枪立姿警告射击（表 5-11）和初级训练科目二长枪掩体利用射击（表 5-12）。旨在使民警掌握实战中射击的程序；学会快速射击的动作要领，掌握首发命中的技能；能够合理利用掩体，快速进入掩体影区，掌握掩体后立姿和跪姿射击及动作间转化方法，养成更换弹匣时观察射击目标的习惯。

在两个训练科目中，立姿警告射击一次练习需 5 发实弹（实际打 4 发），掩体利用射击一次练习需要 3 发实弹（实际打 2 发）。

初级训练科目执行带弹操作标准，每个训练科目结束后，应保持枪膛内还有 1 发子弹，强化民警实战状态下枪支携带及依法使用后的处置程序及方法。

长枪立姿警告射击训练场地和长枪掩体利用射击训练场地示意图如图 5-9、5-10 所示。

武器使用

表 5-11 初级训练科目—长枪立姿警告射击

训练科目	长枪立姿警告射击	备注
训练目标	通过训练使参训人员掌握实战中射击的程序，学会快速射击的动作要领，强化首发命中的技能	
训练口令及动作流程	准备(射手在操作台前成戒备姿势站立) 取枪(立姿持枪戒备姿势) 验枪(按程序自行完成验枪后成戒备姿势) 挂枪 射手取 5 发子弹装入一个弹匣(射手自行压子弹) 射手恢复戒备状态 上弹匣(单手将弹匣入枪并下拉确认) 开始 双手抵肩戒备 弱手上膛 警告(大声发出语言警告) 射击标靶 1 发(射手向标靶射击 1 发) 沉枪观察(射手双手持枪转换为平肩戒备,观察标靶) 左右观察(射手在双手平肩备姿势基础上,分别向左右两侧观察) 再次发出警告、射击、观察等命令 4 次(射手按照指令完成相应动作后,恢复平肩戒备姿势) 关保险(关闭保险) 胸前挂枪 停,返回操作区(射手自行返回操作台前) 验枪(射手按程序验枪后,将枪及弹匣置于操作台,将掉落子弹放回原位)	
考核口令	准备(射手听到准备口令考核随即开始,须在操作台前,自行完成取枪、验枪、装子弹等动作并在靶位前就位) 开始(计时开始,自行完成 4 次警告射击、沉枪观察、左右观察后,关保险,计时停止) 停(自行回到操作台,完成验枪,将枪及弹匣置于操作台,将掉落子弹放回原位,考核结束)	
训练器材	1.95 自动步枪 1 支 2.弹匣 1 个 3.实弹 5 发 4.目标靶 1 个 5.口哨 1 个 6.成绩登记表 1 张、笔 1 支 7.帽子、耳塞、护目镜等单警射击防护器材 1 套	
射击距离	25 m	
射击标靶	半身部位靶	
射击时间	60 s	
成绩评定	1.每发子弹按击中标靶相应分值区域计分 2.12 分为优秀,10 分为良好,6 分为及格,6 分以下或错射为不及格 3.听到开始口令开始计时,射手在 60 s 内未完成射击,多射或出现错误操作动作,成绩降档 4.违反枪支使用安全守则任何一条,该科目成绩为不及格	
注意事项	听见哨音立即停止射击,成持枪戒备状态,枪口指向安全方向	

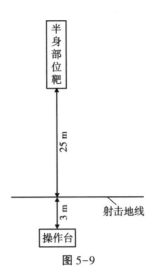

图 5-9

表 5-12 初级训练科目二长枪掩体利用射击

训练科目	长枪掩体利用射击	备注
训练目标	通过训练使参训人员掌握合理利用掩体,快速进入掩体影区,掩体后立姿和跪姿射击及动作间转化方法,养成更换弹匣时观察射击目标的习惯	
训练口令及动作流程	准备(射手在操作台前成戒备姿势站立) 取枪(双手取枪并呈立姿持枪戒备姿势) 验枪(按程序自行验枪) 挂枪 射手取 3 发子弹,一个弹匣装入 2 发,装入弹匣套(射手自行压弹并装入弹匣套) 另一个弹匣装入 1 发放入弹匣套 进入起点(射手向前进入射击地线) 开始(射手两点挂枪取捷径快速移动进入掩体影区) 射手进入掩体影区,保持对标靶观察(射手调整身体与掩体间距离,利用快速窥视或持续观察方法保持对标靶观察) 上 1 发子弹弹匣、出枪、上膛,指向标靶(单手抵肩,拉柄上膛,双手持枪利用掩体一侧指向标靶) 警告(大声发出语言警告) 立姿射击 1 发(射手向标靶瞄准射击,保持平肩戒备) 变跪姿,更换弹匣(射手变跪姿同时,更换弹匣,其间观察目标一次) 警告(跪姿成平肩戒备,大声发出语言警告) 跪姿向标靶射击 1 发(射手向标靶瞄准射击,保持平肩戒备) 沉枪观察(双手持枪成低姿戒备,观察标靶) 左右观察(分别向两侧观察) 关保险(利用左手关闭保险) 胸前挂枪 停,返回操作区(射手自行返回操作台前) 验枪(射手按程序验枪后,将枪及弹匣置于操作台,将掉落子弹放回原位)	

武器使用

续表 5-12

训练科目	长枪掩体利用射击	备注
考核口令	准备(听到准备口令考核开始,射手自行完成取枪、验枪、挂枪、压子弹、弹匣入枪后,进入射击地线) 开始(听到开始口令计时开始,射手按程序进入掩体并利用掩体完成全部射击动作后关闭保险,挂枪后计时停止,起立) 停(射手自行回到操作台前,完成验枪,将枪及弹匣置于操作台并将掉落子弹放回原位,考核结束)	
训练器材	1. 95 自动步枪 1 支 2. 弹匣 2 个 3. 实弹 3 发 4. 目标靶 1 个 5. 掩体 1 块 6. 口哨 1 个 7. 成绩登记表 1 张、笔 1 支 8. 帽子、耳塞、护目镜等单警射击防护器材 1 套	单个靶位训练器材
射击距离	25 m	
射击标靶	半身部位靶	
射击时间	60 s	
成绩评定	1. 每发子弹按击中标靶相应分值区域计分 2. 6 分为优秀,5 分为良好,3 分为及格,3 分以下或错射为不及格 3. 听到开始口令开始计时,射手在 60 s 内未完成、多射或出现错误操作动作,成绩降档 4. 违反枪支使用安全守则任何一条,该科目成绩为不及格	
注意事项	听见哨音立即停止射击,成持枪戒备状态,枪口指向安全方向	

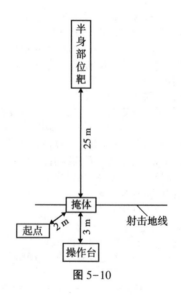

图 5-10

三、中级训练科目

中级系列训练标准包括95自动步枪2个科目,分别为中级训练科目一长短枪互换射击(表5-13)和中级训练科目二目标识别射击(表5-14)。通过训练使参训人员掌握枪支互换动作要领,学会在不同情况选择枪支进行射击的方法,掌握多个目标进行射击的动作要领,养成根据实际情况选择合理射击动作的习惯,形成紧急情形下快速识别目标射击的反应,培养精准快速射击意识,养成战术换弹、保持最佳战斗状态的战术意识。

训练中,长短枪互换射击一次练习需4发实弹(实际打3发),目标识别射击一次练习需要3发实弹(实际打2发)。

每个科目结束后除保持枪膛内还有1发子弹外还要更换满弹匣,使民警养成始终保持最佳战斗状态的习惯。

长短枪互换射击训练场地和目标识别射击训练场地示意图如图5-11、5-12所示。

表5-13 中级训练科目一长短枪互换射击

训练科目	长短枪互换射击	备注
训练目标	通过训练使参训人员掌握枪支互换动作要领,学会在不同情况选择枪支进行射击的方法	
训练口令及动作流程	准备(射手在操作台前成戒备姿势站立) 取枪(射手自操作台先提取92式手枪,后提取95式自动步枪成胸前两点挂枪) 验枪(按程序自行验枪,先进行92手枪验枪,非持枪手置于腹前,单手以"7"字手型装枪入套并扣好枪套扣,后进行95步枪验枪) 低戒备,将枪置于腹前(枪口向下) 射手取3发95子弹装入弹匣,取1发92子弹装入弹匣(射手自行压弹) 上弹匣(92式手枪不出套上弹匣,并回拉确认。95式自动步枪单手推弹匣入枪,并将保险开启至"1") 进入射击地线(射手进入射击地线持95式自动步枪成低戒备姿势站立) 开始,到达射击地线后,据枪,上膛(射手在射击地线左手拉枪栓完成上膛,双手持枪平肩戒备) 射击标靶1发(瞄准射击标靶1发) 关保险(利用左手关闭保险) 低戒备,将枪置于腹前枪口向下) 单手拔出92式手枪上膛(射手在射击地线单手提枪,完成子弹上膛,双手持枪平肩戒备) 射击标靶1发 关保险(利用非持枪手关闭保险) 枪入套(非持枪手置于腹前,持枪手单手以"7"字手型装枪入套并扣好枪套扣) 提取95步枪 据枪,开保险(利用左手开启保险,并选择单发模式) 射击标靶1发(瞄准射击标靶1发) 平肩戒备,换满弹匣(保持平肩戒备姿势,完成战术换弹) 关保险(利用左手关闭保险) 低戒备(将枪置于腹前枪口向下) 停,返回操作区(射手自行返回操作台前) 验枪(射手按程序验枪后,将枪及弹匣置于操作台,将掉落子弹放回原位)	

武器使用

续表 5-13

训练科目	长短枪互换射击	备注
考核口令	准备(听到准备口令考核开始,射手自行完成取枪、验枪、压子弹、弹匣入枪后,在射击地线成低戒备姿势就位) 开始(听到开始口令计时开始,射手自行完成全部长短枪互换射击动作后,关保险,计时停止,成戒备姿势) 停(射手返回操作台,自行完成验枪并将枪及弹匣置于操作台,将掉落子弹放回原位置后,考核结束)	
训练器材	1.95 式自动步枪 1 支、92 式手枪 1 支 2.95 弹匣 1 个、92 弹匣 2 个 3.实弹 5 发(95 弹 3 发、92 弹 1 发) 4.目标靶 1 个 5.口哨 1 个 6.成绩登记表 1 张、笔 1 支 7.帽子、耳塞、护目镜等单警射击防护器材 1 套	单个靶位训练器材
射击距离	10 m	
射击标靶	半身部位靶	
射击时间	60 s	
成绩评定	1.每发子弹按击中标靶相应分值区域计分 2. 9 分为优秀,7 分为良好,5 分为及格,5 分以下或错射为不及格 3.听到开始口令开始计时,射手在 60 s 内未完成、多射或出现错误操作动作,成绩降档 4.违反枪支使用安全守则任何一条,该科目成绩为不及格	
注意事项	听见哨音立即停止射击,成持枪戒备状态,枪口指向安全方向	

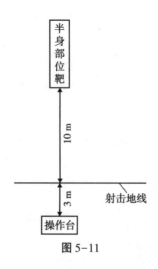

图 5-11

表 5-14 中级训练科目二目标识别射击

训练科目	目标识别射击	备注
训练目标	通过训练使参训人员形成紧急情形下快速识别目标射击的反应	
训练口令及动作流程	准备(射手在操作台前成戒备姿势站立) 取枪(射手自操作台提取枪支成胸前两点挂枪) 验枪(按程序自行验枪) 立姿持枪戒备姿势,将枪置于腹前(枪口向下) 射手取3发子弹装入一个弹匣(射手自行向弹匣压弹3发) 上弹匣(单手推弹匣入枪,并将快慢机设置为单发模式) 进入射击地线(射手进入射击地线成立姿持枪戒备姿势站立) 开始 射手举枪,上膛 射击2个非禁射标靶各1发(分别向两个非禁射标靶瞄准射击1发,非禁射标靶可随机摆放) 平肩戒备 换满弹匣(保持胸前戒备姿势,完成战术性换弹) 关保险(利用左手关闭保险) 低戒备(将枪置于腹前枪口向下) 停,返回操作区(射手自行返回操作台前) 验枪(射手按程序验枪后,将枪置于操作台,将掉落子弹放回原位)	
考核口令	准备(听到准备口令考核开始,射手自行完成取枪、验枪、压子弹、弹匣入枪后,在标靶前指定位置就位) 开始(听到开始口令计时开始,按程序完成识别、射击、战术换弹、关保险等动作后,成戒备姿势,其间第二发子弹响时计时结束) 停(射手返回操作台,自行完成验枪并将枪及弹匣置于操作台,将掉落子弹放回原位置后,考核结束)	
训练器材	1.95式自动步枪1支 2.弹匣2个(其中满弹匣1个) 3.实弹3发 4.目标靶4个 5.口哨1个 6.成绩登记表1张,笔1支 7.帽子、耳塞、护目镜等单警射击防护器材1套	单个靶位训练器材
射击距离	25 m	
射击标靶	半身部位靶	
射击时间	5 s(自下达开始口令至第二发子弹射击枪响)	
成绩评定	1.每发子弹按击中标靶相应分值区域计分 2.6分为优秀,5分为良好,4分为及格,4分以下或错射为不及格 3.听到开始口令开始计时,射手在4 s内未完成第二枪射击,多射或出现错误操作动作,成绩降档 4.违反枪支使用安全守则任何一条,该科目成绩为不及格	
注意事项	听见哨音立即停止射击,成持枪戒备状态,枪口指向安全方向	

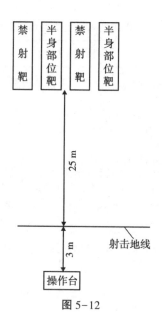

图 5-12

四、高级训练科目

高级标准为选训内容,以武器特警五项和狙击枪精度射击为主要内容,公安"特警五项"训练的最终目的在于实战应用,可用作比武科目应用或水平评价。训练中紧紧围绕综合体技能、特警搏击、战术射击、突出攻坚、群体性事件处置战术训练科目的具体要求,紧密结合本地、本警种实际,在应用演练的深度和广度上下功夫,在演练中发现问题、检验成果,实现体能和技能、战术和攻坚、搏击和对抗、人员和装备的最佳结合,促进练兵成果向战斗力的快速转化。狙击枪精度射击科目以实际勤务现场可能遇到的各种现实情况为依托,在充分借鉴国内外案例及比赛科目的基础上,通过对不定距离、不同姿势、不同环境、队员之间配合射击以及隔玻璃射击的训练,锻炼队员在复杂环境下利用各种地形地物进行精确狙击的能力、相互配合能力和实战心理素质。

科目:长短枪应用互换射击

长短枪应用互换射击训练科目是结合工作中可能遇到的各种情况,突出实战性和可操作性,体现处置现场的高强度和复杂性。通过不同枪型、不同姿势、不同距离、不同目标、不同动作等内容集中在一起的流程式训练形式,提高队员在剧烈运动后射击的稳定性和精准度,进一步提高队员快速射击、运动射击及多目标射击的能力。

一、科目概述

训练队员着单兵全套装备(特警作战服、作战靴、防弹头盔、护目镜、战术手套、防弹衣、作战背心),手持 92 式手枪,斜肩背 79 式冲锋枪携带相应弹匣,配备 51 弹 5 发,9 mm 手枪弹 26 发,呈低姿戒备状态,子弹结合、子弹不上膛、关闭枪支保险在起点候命。

当听到开始口令后依次完成短枪50 m精度射击,运用低姿、匍匐等战术动作挺进至50、40、35 m不同距离,短枪换长枪使用立、跪、卧三种姿势射击,长枪换短枪后利用掩体在20 m距离弱手射击,短枪持盾牌10 m绕桩后射击、短枪移动中对多目标射击五个科目,当最后一声枪响或命中最后一个目标后计时停止。

共设置16个靶位,其中手枪射击13个靶位,长枪射击3个靶位。

战术射击流程如图5-13所示。

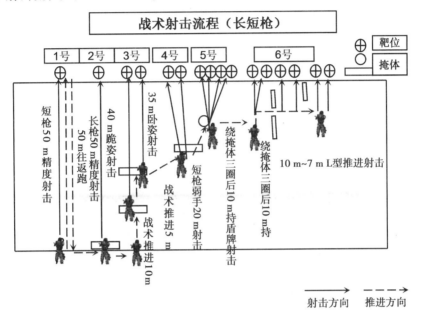

图 5-13

二、具体流程

1.短枪50米精度射击

(1)目标:20 cm×20 cm玻璃靶1个。

(2)距离:50 m。

(3)姿势:立姿。

(4)弹数:1发。

(5)射击动作程序见图5-14:

听考官"开始"口令后,队员在1号靶道50米距离上立姿对玻璃靶进行射击,击中目标后关闭短枪保险并呈低姿戒备状态;若未击中则继续射击,直至命中后进入下一环节。

手枪立姿精度射击见图5-15。

2.长枪运动后三种姿势射击

(1)目标:20 cm×20 cm玻璃靶3个,靶间距在20~50 cm之间。

(2)距离:50 m、40 m、35 m。

(3)姿势:立姿、跪姿、卧姿。

(4)弹数:3发。

武器使用

(5) 射击动作程序如图 5-16 所示：

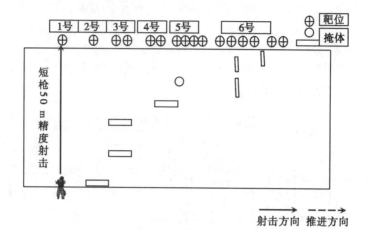

图 5-14

图 5-15

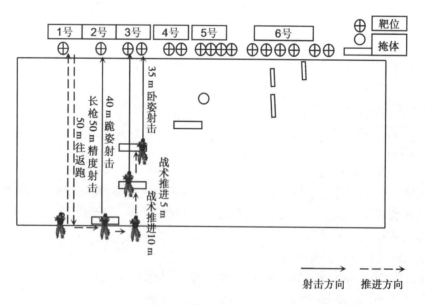

图 5-16

队员成低姿戒备状态在 1 号靶道 50 m 距离内往返跑步 1 趟后(越过两端地线)，到达

2号靶道50 m地线处,短枪换长枪在50 m距离上立姿利用2 m高掩体从右侧对前方玻璃靶进行射击(图5-17);

图5-17

命中目标后关闭长枪保险,到达3号靶道50 m地线后,利用低姿战术动作推进至40 m地线处,打开长枪保险,在40 m距离上跪姿利用1.4 m高掩体从右侧对前方玻璃靶进行射击(头部不得高过掩体、身体尽量隐藏在掩体后面)(图5-18);

图5-18

命中目标后关闭长枪保险,低姿戒备持长枪在3号靶道40 m距离内往返跑步1趟(起始点为40 m掩体处)后,运用匍匐战术动作推进至35 m地线处,打开长枪保险,在35 m距离上卧姿利用0.7 m高掩体从右侧对前方玻璃靶进行射击(头部不得高过掩体、身体尽量隐藏在掩体后面),命中目标后关闭长枪保险成低姿戒备状态(图5-19)。

图5-19

3.短枪利用掩体弱手射击

(1)目标:30 cm×30 cm玻璃靶2个,每个靶间距20 cm。

(2)距离:20 m。

(3)姿势:立姿、跪姿。

(4)弹数:2发。

(5)射击动作程序如图5-20所示:

比武队员低姿戒备持长枪推进至4号靶道20 m地线处,长枪换短枪、打开保险,在

武器使用

20 m 距离上利用弱手在 2 m 高掩体后,从左侧对前方 2 个玻璃靶分别立姿射击和跪姿射击(头部不得高过掩体、身体尽量隐藏在掩体后面)。

弱手立姿和弱手跪姿射击如图 5-21、5-22 所示。

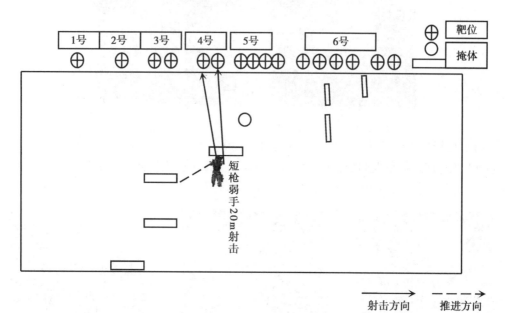

图 5-20

图 5-21

图 5-22

4.短枪持盾牌绕桩后射击

(1)目标:10 cm×10 cm 玻璃靶4个,每个靶间距20 cm。

(2)距离:10 m。

(3)姿势:立姿。

(4)弹数:4发。

(5)射击动作程序如图5-23所示:

队员在20 m 地线处取盾牌低姿戒备持短枪推进至5号靶道10 m 处(枪口始终朝下),持盾牌以目标6点钟方向为起点逆时针环绕直径1 m、高2 m 的圆柱形掩体跑3圈后,立姿射击命中前方4个玻璃靶,射击完毕后放下盾牌。

持盾牌射击见图5-24。

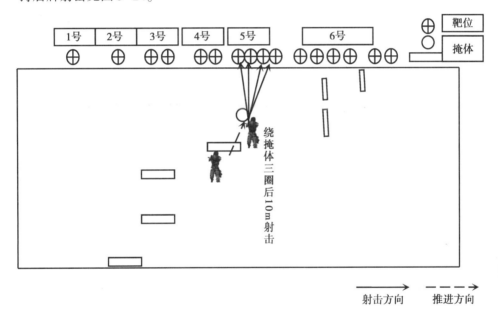

图 5-23

图 5-24

5.短枪移动中对多目标射击

(1)目标:10 cm×10 cm 玻璃靶6个,前两个间距20 cm,后四个每个靶间距50 cm。

(2)距离:10 m~7 m。

(3)姿势:运动中立姿。

(4)弹数:6发。

(5)射击动作程序如图5-25所示:

队员低姿戒备持短枪推进至6号靶道10 m地线处,当向7 m地线推进过程中,命中前方2个玻璃靶,而后向右横向移动中对另4个玻璃靶进行射击。

移动中射击如图5-26所示。

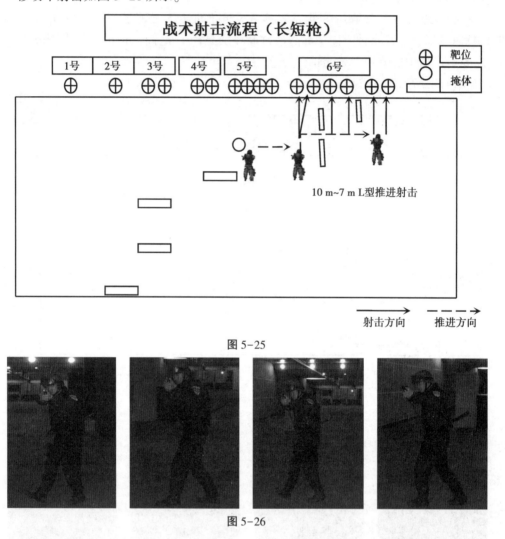

图 5-25

图 5-26

三、评比办法

(一)按照规定时间内击碎玻璃靶划分档次,即在3分钟内击碎所有玻璃为第一档,剩余一块玻璃为第二档,以此类推。

(二)第一档排名最高,同一档次队员按照时间长短排名,计时记到小数点后2位,时间短的为先。

(三)同一档次时间相同的用弹量少的为先。

（四）任一种枪型子弹在全部命中目标前用光，则该队员训练结束，以该队员的最后命中目标为最终成绩。

（五）教官下令开始后开始计时，队员最后一枪命中目标的以命中目标停止计时结束，未命中的以枪响计时结束。

（六）射击目标必须按照流程进行。

四、安全技术规定

（一）射击训练必须严格遵守和执行本规定。

（二）手枪放在枪套内，子弹不上膛，扣上枪套扣，射击信号发出，必须先拔出枪并指向目标方向，才允许做其他射击动作。

（三）在更换弹匣及进行变换射击动作时，枪口指向目标方向，扣动扳机的手指必须放在扣扳机护圈外。

（四）射击过程中，手和肘不能压在射击地线上或超出线外接触地面。

（五）射击时，脚不能踩上或超出射击地线。

（六）尽量佩戴眼和耳的保护用具。

（七）更换的弹匣必须由参赛队员随身携带。

五、装备保障

（一）枪支为原装92手枪，枪支扳机引力不得小于1.5公斤。枪支瞄准具不准加高或挫低，在形状和构造上不得有任何改变。

（二）短枪按照1:2的比例配备子弹，即26发子弹，2个弹匣；长枪配备5发子弹。

（三）队员着单兵全套装备：特警作战服、作战靴、防弹头盔、护目镜、战术手套、防弹衣、作战背心。

（四）玻璃靶：厚度为5 mm，每轮训练使用0.3 m×0.3 m 3个，0.2 m×0.2 m 3个，0.1 m×0.1 m 10个；

（五）掩体：

1.高2 m、厚1 m、宽1.5 m掩体2个(图5-27)。

2.高1.4 m、厚1 m、宽1.5 m掩体1个(图5-28)。

3.高0.7 m、厚1 m、宽1.5 m掩体2个(图5-29)。

图 5-27

图 5-28

图 5-29

武器使用

(六)通道:用于战术推进时使用。

1.高 1.4 m、宽 1 m、长 10 m、厚 0.2 m 通道 1 个(图 5-30)。

2.高 0.7 m、宽 1 m、长 5 m、厚 0.2 m 通道 1 个(图 5-31)。

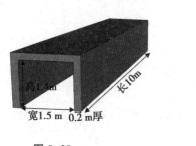

图 5-30

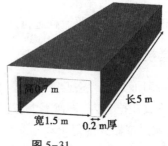

图 5-31

(七)挡板(见图 5-32)。

1.高 2 m、宽 1.5 m 挡板 1 个(弱手射击使用)。

2.高 2 m、宽 3 m 挡板 4 个(移动射击使用)。

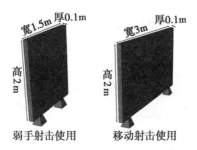

图 5-32

附 录

附件一

《中华人民共和国人民警察使用警械和武器条例》

第一章 总 则

第一条 为了保障人民警察依法履行职责,正确使用警械和武器,及时有效地制止违法犯罪行为,维护公共安全和社会秩序,保护公民的人身安全和合法财产,保护公共财产,根据《中华人民共和国人民警察法》和其他有关法律的规定,制定本条例。

第二条 人民警察制止违法犯罪行为,可以采取强制手段;根据需要,可以依照本条例的规定使用警械;使用警械不能制止,或者不使用武器制止,可能发生严重危害后果的,可以依照本条例的规定使用武器。

第三条 本条例所称警械,是指人民警察按照规定装备的警棍、催泪弹、高压水枪、特种防暴枪、手铐、脚镣、警绳等警用器械;所称武器,是指人民警察按照规定装备的枪支、弹药等致命性警用武器。

第四条 人民警察使用警械和武器,应当以制止违法犯罪行为,尽量减少人员伤亡、财产损失为原则。

第五条 人民警察依法使用警械和武器的行为,受法律保护。

人民警察不得违反本条例的规定使用警械和武器。

第六条 人民警察使用警械和武器前,应当命令在场无关人员躲避;在场无关人员应当服从人民警察的命令,避免受到伤害或者其他损失。

第二章 警械的使用

第七条 人民警察遇有下列情形之一,经警告无效的,可以使用警棍、催泪弹、高压水枪、特种防暴枪等驱逐性、制服性警械:

(一)结伙斗殴、殴打他人、寻衅滋事、侮辱妇女或者进行其他流氓活动的;

(二)聚众扰乱车站、码头、民用航空站、运动场等公共场所秩序的;

(三)非法举行集会、游行、示威的;

(四)强行冲越人民警察为履行职责设置的警戒线的;

(五)以暴力方法抗拒或者阻碍人民警察依法履行职责的;

(六)袭击人民警察的;

(七)危害公共安全、社会秩序和公民人身安全的其他行为,需要当场制止的;

(八)法律、行政法规规定可以使用警械的其他情形。

人民警察依照前款规定使用警械,应当以制止违法犯罪行为为限度;当违法犯罪行为得到制止时,应当立即停止使用。

第八条 人民警察依法执行下列任务,遇有违法犯罪分子可能脱逃、行凶、自杀、自伤或者有其他危险行为的,可以使用手铐、脚镣、警绳等约束性警械:

(一)抓获违法犯罪分子或者犯罪重大嫌疑人的;

(二)执行逮捕、拘留、看押、押解、审讯、拘传、强制传唤的;

(三)法律、行政法规规定可以使用警械的其他情形。

人民警察依照前款规定使用警械,不得故意造成人身伤害。

第三章 武器的使用

第九条 人民警察判明有下列暴力犯罪行为的紧急情形之一,经警告无效的,可以使用武器:

(一)放火、决水、爆炸等严重危害公共安全的;

(二)劫持航空器、船舰、火车、机动车或者驾驶车、船等机动交通工具,故意危害公共安全的;

(三)抢夺、抢劫枪支弹药、爆炸、剧毒等危险物品,严重危害公共安全的;

(四)使用枪支、爆炸、剧毒等危险物品实施犯罪或者以使用枪支、爆炸、剧毒等危险物品相威胁实施犯罪的;

(五)破坏军事、通讯、交通、能源、防险等重要设施,足以对公共安全造成严重、紧迫危险的;

(六)实施凶杀、劫持人质等暴力行为,危及公民生命安全的;

(七)国家规定的警卫、守卫、警戒的对象和目标受到暴力袭击、破坏或者有受到暴力袭击、破坏的紧迫危险的;

(八)结伙抢劫或者持械抢劫公私财物的;

(九)聚众械斗、暴乱等严重破坏社会治安秩序,用其他方法不能制止的;

(十)以暴力方法抗拒或者阻碍人民警察依法履行职责或者暴力袭击人民警察,危及人民警察生命安全的;

(十一)在押人犯、罪犯聚众骚乱、暴乱、行凶或者脱逃的;

(十二)劫夺在押人犯、罪犯的;

(十三)实施放火、决水、爆炸、凶杀、抢劫或者其他严重暴力犯罪行为后拒捕、逃跑的;

(十四)犯罪分子携带枪支、爆炸、剧毒等危险物品拒捕、逃跑的;

(十五)法律、行政法规规定可以使用武器的其他情形。

人民警察依照前款规定使用武器,来不及警告或者警告后可能导致更为严重危害后果的,可以直接使用武器。

第十条　人民警察遇有下列情形之一的,不得使用武器:

(一)发现实施犯罪的人为怀孕妇女、儿童的,但是使用枪支、爆炸、剧毒等危险物品实施暴力犯罪的除外;

(二)犯罪分子处于群众聚集的场所或者存放大量易燃、易爆、剧毒、放射性等危险物品的场所的,但是不使用武器予以制止,将发生更为严重危害后果的除外。

第十一条　人民警察遇有下列情形之一的,应当立即停止使用武器:

(一)犯罪分子停止实施犯罪,服从人民警察命令的;

(二)犯罪分子失去继续实施犯罪能力的。

第十二条　人民警察使用武器造成犯罪分子或者无辜人员伤亡的,应当及时抢救受伤人员,保护现场,并立即向当地公安机关或者该人民警察所属机关报告。

当地公安机关或者该人民警察所属机关接到报告后,应当及时进行勘验、调查,并及时通知当地人民检察院。

当地公安机关或者该人民警察所属机关应当将犯罪分子或者无辜人员的伤亡情况,及时通知其家属或者其所在单位。

第十三条　人民警察使用武器的,应当将使用武器的情况如实向所属机关书面报告。

第四章　法律责任

第十四条　人民警察违法使用警械、武器,造成不应有的人员伤亡、财产损失,构成犯罪的,依法追究刑事责任;尚不构成犯罪的,依法给予行政处分;对受到伤亡或者财产损失的人员,由该人民警察所属机关依照《中华人民共和国国家赔偿法》的有关规定给予赔偿。

第十五条　人民警察依法使用警械、武器,造成无辜人员伤亡或者财产损失的,由该人民警察所属机关参照《中华人民共和国国家赔偿法》的有关规定给予补偿。

第五章　附　则

第十六条　中国人民武装警察部队执行国家赋予的安全保卫任务时使用警械和武器,适用本条例的有关规定。

第十七条　本条例自发布之日起施行。1980年7月5日公布施行的《人民警察使用武器和警械的规定》同时废止。

附件二

《公安机关人民警察佩带使用枪支规范》

第一章 总则

第一条 为保障公安机关人民警察依法履行职责,规范人民警察佩带、使用枪支行为,有效制止犯罪活动,维护公共安全和社会秩序,保护公民人身安全和合法财产、公共财产,根据《中华人民共和国人民警察法》、《中华人民共和国人民警察使用警械和武器条例》等有关法律法规,制定本规范。

第二条 本规范适用于人民警察在执法执勤时佩带枪支、使用枪支和事后报告以及调查处置等工作。

第三条 本规范所称人民警察,是指获准核发《中华人民共和国公务用枪持枪证》(以下简称持枪证)的公安机关配枪民警。

配枪部门,是指公安机关配备公务用枪的内设部门、派出机构和其他直属单位。

枪支,是指公安机关依照《公务用枪配备办法》配备的各种公务用枪。

使用枪支,包括持枪戒备、出枪警示、鸣枪警告、开枪射击行为。

第四条 人民警察应当依照《中华人民共和国人民警察使用警械和武器条例》有关规定使用枪支。

第五条 人民警察使用枪支,应当以制止暴力犯罪行为,尽量减少人员伤亡、财产损失为原则。

第六条 人民警察依法使用枪支行为受法律保护。因合法使用枪支造成人员伤亡或者财产损失的,不承担法律责任。

第二章 佩带枪支

第七条 人民警察在执行下列任务时,应当佩带枪支:

(一)处置、侦查暴力犯罪行为;

(二)抓捕、搜查、押送、拘传、拘留、逮捕犯罪嫌疑人;

(三)执行武装巡逻任务;

(四)在公安检查站、卡点执行武装警戒、处突任务;

(五)在车站、机场、码头、口岸等重点部位、区域执行武装定点执勤任务;

(六)在重点地区执行入户调查、核查情况等反恐防暴任务;

(七)省级以上公安机关依法规定的其他情形。

第八条 人民警察遇有下列情形之一的,按照有关规定经特别批准后方可佩带枪支:

(一)进入北京市区的,应当经所在地省级人民政府批准;

(二)执行警卫任务需要乘坐民航飞机的,应当经省级以上公安机关批准;

(三)跨所属公安机关管辖区域佩带狙击步枪、班用机枪执行任务的,应当经上一级公安机关主要负责人批准;

(四)省级以上公安机关依法规定的其他情形。

第九条 人民警察应当按照下列规定佩带枪支:

(一)子弹未上膛时,打开枪支保险,子弹上膛时,关闭枪支保险;

(二)着警服佩带手枪时,应当使用制式枪套、枪纲;

(三)着便装佩带手枪时,应当选用便携式枪套;

(四)着警服佩带长枪时,应当使用制式枪背带采取肩枪、背枪或者挎枪方式。

第十条 人民警察佩带枪支时,应当遵守下列规定:

(一)携带人民警察证、持枪证(执行特定侦查任务的除外);

(二)除因执法办案需要外,不得进入娱乐场所;

(三)严禁饮酒或者参加非警务活动;

(四)发生枪支丢失、被盗抢或者其他事故,应当立即向所属配枪部门、事发地县级公安机关报告;

(五)省级以上公安机关依法作出的其他规定。

第三章 使用枪支

第十一条 人民警察在执行任务时,遇有危及公共安全、本人或者其他公民人身安全和合法财产、公共财产等暴力犯罪行为时,应当根据现场情况和危险程度,及时选择采取持枪戒备、出枪警示、鸣枪警告、开枪射击措施,有效预防、制止严重暴力犯罪行为,最大限度地避免人员伤亡、财产损失。

第十二条 人民警察判断可能发生暴力犯罪行为的,应当及时进行持枪戒备,采取相应的戒备状态,并将枪口指向安全方向。

第十三条 人民警察发现犯罪行为人准备实施暴力犯罪行为的,应当进行出枪警示,迅速表明人民警察身份,并将枪口指向犯罪行为人。同时,命令犯罪行为人立即停止实施暴力犯罪行为,并口头警告其拒不服从命令的后果。

出枪警示时,应当子弹上膛,打开保险,抠压枪支扳机的手指置于扳机护圈外,与犯罪行为人保持一定距离,并采取有效措施,防止枪支走火或者被抢。

第十四条 人民警察在现场处置犯罪行为人准备实施或者正在实施暴力犯罪行为,经口头警告无效的,可以视情向天空等安全方向鸣枪警告。来不及口头警告的,可以直接鸣枪警告。

第十五条 人民警察判明有《中华人民共和国人民警察使用警械和武器条例》第九条规定的下列暴力犯罪行为的紧急情形之一,经口头警告或者鸣枪警告无效的,可以开枪射击。来不及警告或者警告后可能导致更为严重危害后果的,可以直接开枪射击:

(一)放火、决水、爆炸等严重危害公共安全的;

(二)劫持航空器、船舰、火车、机动车或者驾驶车、船等机动交通工具,故意危害公共安全的;

(三)抢夺、抢劫枪支弹药、爆炸、剧毒等危险物品,严重危害公共安全的;

(四)使用枪支、爆炸、剧毒等危险物品实施犯罪或者以使用枪支、爆炸、剧毒等危险物品相威胁实施犯罪的;

武器使用

（五）破坏军事、通讯、交通、能源、防险等重要设施,足以对公共安全造成严重、紧迫危险的；

（六）实施凶杀、劫持人质等暴力行为,危及公民生命安全的；

（七）国家规定的警卫、守卫、警戒的对象和目标受到暴力袭击、破坏或者有受到暴力袭击、破坏的紧迫危险的；

（八）结伙抢劫或者持械抢劫公私财物的；

（九）聚众械斗、暴乱等严重破坏社会治安秩序,用其他方法不能制止的；

（十）以暴力方法抗拒或者阻碍人民警察依法履行职责或者暴力袭击人民警察,危及人民警察生命安全的；

（十一）在押犯罪嫌疑人、被告人、罪犯聚众骚乱、暴乱、行凶或者脱逃的；

（十二）劫夺在押犯罪嫌疑人、被告人、罪犯的；

（十三）实施放火、决水、爆炸、凶杀、抢劫或者其他严重暴力犯罪行为后拒捕、逃跑的；

（十四）犯罪行为人携带枪支、爆炸、剧毒等危险物品拒捕、逃跑的；

（十五）法律、法规规定可以开枪射击的其他情形。

人民警察开枪射击时,应当命令在场无关人员躲避,避免受到伤害。犯罪行为人停止实施暴力犯罪行为,或者失去继续实施暴力犯罪能力的,应当立即停止开枪射击,并确认危险消除后,及时关闭枪支保险,恢复佩带枪支状态。

第十六条　人民警察遇有下列情形之一的,不得鸣枪警告、开枪射击：

（一）发现实施犯罪的人为怀孕妇女、儿童的,但是使用枪支、爆炸、剧毒等危险物品实施暴力犯罪的除外；

（二）犯罪分子处于群众聚集的场所或者存放大量易燃、易爆、剧毒、放射性等危险物品的场所的,但是不使用枪支予以制止,将发生更为严重危害后果的除外；

（三）正在实施盗窃、诈骗等非暴力犯罪以及实施上述犯罪后拒捕、逃跑的。

第十七条　人民警察在处置表达具体诉求的群体性事件时,一线处置民警不得佩带枪支。根据现场情况二线民警可以佩带枪支进行戒备,只有在出现严重暴力犯罪行为时才能依法使用。

人民警察在处置群体性事件需要使用防暴枪时,应当按照现场指挥员的命令,根据现场实际情况确定适宜的弹种和射击安全距离,进行开枪射击。

第十八条　人民警察使用枪支造成犯罪行为人或者其他人员伤亡的,应当及时抢救受伤人员,保护现场,防止证据灭失。

人民警察使用枪支后,应当立即向所属配枪部门主要负责人口头报告,并在完成任务后二十四小时内,向所属配枪部门提交书面报告。报告应当包括以下内容：

（一）使用枪支的地点、时间；

（二）使用枪支时的现场情况；

（三）使用枪支时采取的警告措施；

（四）使用枪支理由及造成的伤亡情况；

（五）弹药消耗情况；

（六）使用枪支后所做的处置工作。

人民警察在所属公安机关管辖区域外使用枪支的,应当同时向事发地县级公安机关110报警台口头报告。

第四章 调查处理

第十九条 人民警察所属配枪部门接到使用枪支的口头报告后,应当及时上报所属公安机关。所属公安机关应当视情指派警务督察部门进行调查;对鸣枪警告、开枪射击的,应当及时进行调查验证并形成卷宗。

各级公安机关应当建立由警务督察部门牵头,纪委监察、法制部门参加的调查处理机制,负责会同有关警种对人民警察使用枪支案事件进行调查处理。

第二十条 人民警察开枪造成人员伤亡的,事发地县级公安机关应当迅速按照下列程序处置:

（一）派出警力赶赴现场,划定警戒区域,维护秩序,保护现场;
（二）通知医疗单位对受伤人员紧急救治;查明伤亡人员的身份情况,及时通知其家属和所在单位;
（三）组织开展现场勘查和调查工作,收集、固定相关证据;
（四）通知事发地县级人民检察院;
（五）向当地党委、政府报告,组织做好善后处理、舆情引导工作。

第二十一条 人民警察所属公安机关接到民警异地使用枪支造成人员伤亡的报告后,应当立即指派人员配合事发地县级公安机关做好调查、处置工作。

第二十二条 事发地县级公安机关调查结束后,应当及时出具书面调查报告。调查报告应当包括以下内容:

（一）接受人民警察报告的情况;
（二）调查工作情况及确认的使用枪支情况;
（三）对伤亡人员的救治及采取的紧急处置情况;
（四）组织善后处理和舆情引导工作情况;
（五）调查结论及处理意见。

第二十三条 事发地县级公安机关对人民警察使用枪支情况调查结束后,应当向其本人及所属配枪部门宣布调查结论;人民检察院介入调查的,应当与人民检察院协商形成调查认定意见后宣布。

人民警察对认定其使用枪支不当的调查结论持有异议的,可以向事发地县级公安机关的上一级公安机关提出申诉。

第二十四条 人民警察依法使用枪支造成人员伤亡的,事发地公安机关未经其所属省级公安机关批准,不得披露当事民警姓名、工作单位等信息。

第二十五条 人民警察使用枪支后,所属公安机关应当及时对其进行心理辅导,缓解心理压力。在人民警察接受调查期间,应当暂停其佩带枪支。

对人民警察使用枪支后,存在心理负担过重等不宜佩带枪支情形的,其所属公安机关可以停止其佩带枪支。

第五章 奖惩责任

第二十六条　人民警察依法使用枪支有效制止严重暴力犯罪行为的,应当给予表扬或者依照有关规定予以表彰奖励。

第二十七条　人民警察在执勤执法时,按照本规范应当佩带枪支而未佩带的,对其本人及所属配枪部门负责人视情给予批评教育;造成人民警察伤亡或者其他严重后果的,对负有责任的人员依照有关规定予以追责。

第二十八条　人民警察违反本规范佩带、使用枪支,所属公安机关在调查期间可以对其采取停止执行职务、禁闭的措施。调查结束后视情给予通报批评、调离岗位等组织处理;构成违纪的,给予相应的纪律处分;构成犯罪的,移送司法机关追究刑事责任。

第二十九条　人民警察行使职务时违法使用枪支造成不应有的人员伤亡、财产损失,对受到伤亡或者财产损失的人员,由该人民警察所属公安机关依照《中华人民共和国国家赔偿法》的有关规定给予赔偿。

第三十条　人民警察依法使用枪支,造成无辜人员伤亡或者财产损失的,由该人民警察所属公安机关参照《中华人民共和国国家赔偿法》的有关规定给予补偿。

第六章　附　则

第三十一条　列入公安机关序列的人民武装警察部队执行任务时佩带、使用枪支的,参照本规范执行。

人民警察出国参加维和执勤执法任务,根据有关国际组织协议的授权需要携带枪支的,参照本规范和相关的授权执行。

第三十二条　省级公安机关可以根据本规范,结合本地实际,制定实施细则并报公安部备案。

第三十三条　本规范自2015年5月1日起施行。此前有关规定与本规范不一致的,以本规范为准。

附件三

《公安机关公务用枪管理规定》

第一章 总 则

第一条 为规范公安机关公务用枪管理工作,提高民警管枪、用枪能力,保障枪支安全,根据《中华人民共和国人民警察法》、《中华人民共和国枪支管理法》、《公务用枪配备办法》等有关法律法规,制定本规定。

第二条 本规定所称公务用枪,是指公安机关依照《公务用枪配备办法》配备的各种枪支。

职能部门,是指公安机关承担公务用枪管理职责的内设部门。

配枪部门,是指公安机关配备公务用枪的内设部门、派出机构和其他直属单位。

配枪民警,是指获准核发《中华人民共和国公务用枪持枪证》(以下简称持枪证)的公安机关人民警察。

第三条 公安机关公务用枪管理以工作必需、规范管理、保障使用、确保安全为原则。

第四条 各级公安机关应当建立公务用枪管理制度,明确所属职能部门、配枪部门管理职责,明确配枪民警管理、使用枪支责任。

各级公安机关及其所属配枪部门的主要负责人是公务用枪管理工作第一责任人,应当依法依规履行公务用枪管理责任,落实公务用枪管理制度。

第五条 各级公安机关应当采用科技信息化手段,提升公务用枪动态监督管理和服务保障实战的能力与水平。

公务用枪研制、定型、列装、订购、监造、验收,训练器材的研制、定型以及《全国枪支管理信息系统》建设应用工作,由公安部负责统一组织。

第二章 职能分工

第六条 各级公安机关应当成立主要负责人牵头,纪检监察、警务督察、勤务指挥(办公室)、政工、治安管理、刑事侦查、法制、装备财务等部门负责人参加的公务用枪管理委员会,负责组织、指导、监督公务用枪管理工作。

公务用枪管理委员会下设办公室承担公务用枪管理工作日常事务。

第七条 各级公安机关公务用枪管理职能部门应当按照下列分工行使管理职能,并对口指导下级部门相关工作:

(一)纪检监察部门负责对人民警察使用枪支过程中构成违法违纪的事件进行调查。

(二)警务督察部门负责对人民警察佩带、使用、日常保管公务用枪行为进行督察,对违反公务用枪管理规定、枪支佩带使用规范的行为进行调查,构成违法违纪的移交有关部门处理。

(三)勤务指挥部门(办公室)负责统一管理本级公安机关配备公务用枪,保障本级公安机关负责人领用公务用枪,做好相关安全管理工作。

（四）政工部门负责会同配枪部门审查配枪民警条件、评定持枪资格等级,持枪证年度审验,组织配枪民警训练、考核。

（五）治安管理部门负责公务用枪管理委员会办公室工作,指导配枪部门公务用枪日常管理工作,审核配备公务用枪限额,组织加载电子枪证、制作持枪证,电子枪证年度审验,组织销毁报废公务用枪,维护《全国枪支管理信息系统》。

（六）刑事侦查部门负责制作枪弹痕迹,建立和管理枪弹痕迹检验档案。

（七）法制部门参与研究制定公务用枪管理、使用规范性文件,参与违反公务用枪管理规定、枪支佩带使用规范事件的调查研究,提出法律意见和建议。

（八）装备财务部门负责编制公务用枪年度购置计划,组织购置、调拨、维修枪支等勤务保障工作,组织建设枪支弹药库(室),购置枪支弹药专用保险柜,审核报废公务用枪。

第八条　各级公安机关配枪部门应当履行下列工作职责:

（一）细化落实公务用枪管理制度、管理责任;

（二）依据《公务用枪配备办法》配备枪支;

（三）根据工作需要审核提出配枪民警名单,申办持枪证;

（四）对配枪民警进行经常性法制、安全教育,了解掌握思想动态、现实表现;

（五）组织开展日常实弹射击训练;

（六）县级以上公安机关依法依规明确规定的其他职责。

第九条　各级公安机关及其所属职能部门、配枪部门对公务用枪管理工作应当加强日常检查、评估,建立配枪民警、公务用枪管理档案、台账,维护、使用《全国枪支管理信息系统》。

第三章　配枪管理

第十条　地方各级公安机关配备公务用枪年度购置计划,由装备财务部门组织编制,经同级治安管理部门依照《公务用枪配备办法》审核配备公务用枪限额,报经所属公安机关主要负责人批准后,按程序申报审批。

铁路、交通、民航、森林公安机关、海关缉私机构和公安部直属出入境边防检察机关配备公务用枪年度购置计划的申报、审批,按照公安部有关规定执行。

第十一条　省级人民政府公安机关应当汇总审核批准所属公安机关配备公务用枪年度购置计划,按规定报公安部组织统一购置。

省级人民政府公安机关应当凭公安部下发的《警用武器调拨通知单》,按规定时限调拨公务用枪,并将调拨情况报公安部。

第十二条　各级公安机关应当依照有关规定对配备的公务用枪制作枪弹痕迹,加载电子枪证。

第十三条　各级公安机关及其所属配枪部门应当按照公安部有关规定和安全防范标准要求设置枪支弹药库(室、柜),划定验枪区域,设置验枪板或者验枪沙袋(桶)等专用设施。

第十四条　人民警察符合下列条件的,由所属配枪部门主要负责人提出,经政工部门审核,报所属公安机关主要负责人批准后,按规定程序向省级人民政府公安机关申请核发持枪证：

（一）已授予人民警察警衔；

（二）熟知枪支管理、使用法律法规、规章规定；

（三）熟练掌握所配枪支种类的使用、保养技能；

（四）通过法律政策考试、实弹射击考核。

第十五条　配枪民警应当遵守下列规定：

（一）妥善保管持枪证；

（二）领取、交还枪支时进行登记、报告；

（三）领取、交还或者交接枪支时进行验枪；

（四）按照规定保管枪支；

（五）不得私自维修枪支或者更换枪支零部件；

（六）严禁出租、出借枪支；

（七）所属公安机关依法依规作出的其他规定。

第十六条　配枪民警具有下列情形之一的，由所属配枪部门主要负责人决定暂时停止其配枪资格，收回持枪证：

（一）因涉嫌违法违纪被调查或者被停止执行职务、禁闭的；

（二）与他人产生纠纷或者家庭存在重大变故的；

（三）因身体或者心理原因暂时丧失管理枪支行为能力的；

（四）未通过年度法律政策考试、实弹射击考核的；

（五）所属公安机关依法依规决定的其他情形。

上述情形消失后，由所属配枪部门主要负责人提出，经政工部门同意，应当及时恢复其配枪资格。

第十七条　配枪民警具有下列情形之一的，由所属配枪部门提出，经政工部门审核，报所属公安机关主要负责人批准，取消其配枪资格，收回持枪证：

（一）因违法、违纪、违规行为被调离配枪岗位的；

（二）因身体或者心理原因丧失管理枪支行为能力的；

（三）退休或者调离公安机关的；

（四）依法依规不适宜使用枪支的其他情形。

对被取消配枪资格的，由省级人民政府公安机关注销持枪证。

第四章　训练考核

第十八条　各级公安机关应当把公务用枪管理使用训练列为人民警察训练工作的重要内容，坚持严格教育、严格训练、严格管理、严格考核。

省级以上公安机关应当制定公务用枪管理使用年度训练计划和训练考核大纲。

配枪民警每人年度实弹射击训练用手枪弹数量，不得少于100发。

第十九条　各级公安机关应当按照公务用枪管理使用年度训练计划和训练考核大纲，组织配枪民警培训、考核。对配枪民警进行法律政策考试，按所配枪支种类进行使用枪支训练和实弹射击考核，并结合训练、考试、考核情况，开展持枪证年度审验工作。

武器使用

第二十条 各级公安机关开展公务用枪管理使用训练时,应当加强法律政策、敌情观念、心理行为、射击要领及枪支分解结合的教育训练,提高配枪民警依法、规范、安全管理使用枪支的实战技能。

第二十一条 手枪射击训练应当作为配枪民警的必训科目。防暴枪、冲锋枪、步枪射击训练,可以根据工作需要确定。狙击步枪、班用机枪应当由特定的配枪民警进行射击训练、使用。

配枪民警更换、增加配枪种类时,应当事先经过训练,并经考核合格。

第二十二条 各级公安机关应当建立健全实弹射击训练管理制度,细化程序规则,健全场地设施,落实安防措施。

各级公安机关应当至少每季度组织配枪民警开展一次实弹射击训练,加大近距离实战对抗射击训练比重。

配枪部门应当组织配枪民警加强日常训练,使其达到训练考核大纲要求。

第五章 储存保管

第二十三条 各级公安机关及其所属具备保管条件的配枪部门应当集中储存、保管枪支,落实枪支弹药库(室、柜)24小时值守、枪弹分离、双人双锁管理制度,保障枪支安全存放,保证及时领取、交还枪支。

第二十四条 各级公安机关应当督促所属具备保管条件的配枪部门按照要求设立枪支弹药室,配置枪支弹药专用保险柜,严格落实安全管理制度。

各级公安机关不得擅自将所属配枪部门自行保管的枪支上收统一集中保管,确因工作需要上收的,应当报经上一级公安机关同意。

第二十五条 各级公安机关及其所属自行保管枪支的配枪部门,应当选配专(兼)职枪管员,负责枪支储存、保管和领取、交还登记等工作,加强对枪支弹药库(室、柜)及视频监控等安全防范设施的日常检查,发现问题立即报告、整改。

第二十六条 符合下列情形之一的,可以由配枪部门主要负责人审查同意,报所属公安机关主要负责人批准,指定配枪民警个人保管枪支,并配齐枪套、枪纲、枪锁等安全装置:

(一)在重点地区执行反恐防暴任务需要的;

(二)执行特定侦查任务需要的;

(三)地处偏远农村、山区的派出所不具备自行保管枪支安全值守条件的;

(四)所属公安机关依法依规确定的其他情形。

配枪民警个人保管枪支的审批时限,一次不得超过30天。

个人保管枪支的配枪民警不需佩带枪支时,应当将枪支存放在枪支弹药室(柜),向枪管员说明情况予以登记,需要时及时领用;或者将枪支上锁后存放在其办公室、住宅保险柜,并随身携带枪锁、保险柜钥匙。

第二十七条 对配枪民警个人保管枪支存在下列情形之一的,其所属配枪部门应当立即收回枪支:

(一)审批有效期限届满或者不需继续个人保管的;

(二)脱产学习或者借调在外的;
(三)休病假、事假的;
(四)所属公安机关依法依规决定不适宜由配枪民警个人继续保管枪支的其他情形。

第六章 领取交还

第二十八条 各级公安机关及其所属配枪部门应当坚持明确责任、简化手续、动态监督、服务实战的原则,采用科技信息化手段,建立健全配枪民警领取、交还枪支审批、登记制度。

第二十九条 配枪民警执行下列任务时,应当由所属配枪部门负责人批准,经枪管员核对后领取枪支,完成任务后交还:
(一)执行应当佩带枪支任务的;
(二)参加实弹射击训练的;
(三)所属公安机关依法指令应当领取枪支的其他情形。

任务紧急时,可以凭所属配枪部门负责人给枪管员的指令领取枪支。交还枪支时,应当补办审批手续。因特殊情况不能按时交还枪支的,应当提前向负责人报告获得批准并告知枪管员,在交还枪支时作出备案说明。

第三十条 县级以上公安机关所属配枪部门的配枪民警需要每天佩带枪支执行任务的,可以由配枪部门主要负责人按月审批,实行上班领取、下班交还枪支登记制度。每月审批枪支领取、交还情况,应当向其所属公安机关公务用枪管理委员会报告备案。

第三十一条 各级公安机关配枪部门负责人领取枪支,应当经本部门主要负责人批准。配枪部门主要负责人领取枪支,应当经所属公安机关负责人批准。

各级公安机关负责人领取枪支,应当经本机关主要负责人批准;主要负责人领取枪支,应当经上一级公安机关负责人批准。

跨所属公安机关管辖区域执行任务领取枪支时,应当经所属公安机关负责人批准。

领取狙击步枪、班用机枪执行任务的,应当经所属公安机关主要负责人批准。

第三十二条 配枪民警领取、交还枪支时,应当由枪管员与值班负责人或者民警共同开启枪支弹药库(室、柜),使用《全国枪支管理信息系统》登录持枪证、电子枪证信息,并监督配枪民警按规范动作和要求进行验枪。

配枪民警夜间领取、交还枪支时,应当由枪管员或者代行枪管员职责的值班民警,与值班负责人共同开启枪支弹药库(室、柜),并使用《全国枪支管理信息系统》登录持枪证、电子枪证信息。

第七章 勤务保障

第三十三条 各级公安机关及其所属配枪部门应当从配枪民警中选配专(兼)职枪械员,负责枪支维护、保养等勤务保障工作。

枪械员应当及时检查、排除枪支故障,报告枪支损坏、弹药超过有效期等情况,提出采购维修、保养枪支设备、工具的意见。对损坏的枪支,及时提出报修、报废意见。

第三十四条 集中储存保管的枪支,应当按月维护、保养。个人保管的枪支,应当根

武器使用

据使用情况随时维护、保养。实弹射击后或者被水侵蚀的枪支,应当及时保养。

第三十五条 省级公安机关可以储备一定数量的枪支,用于反恐处突应急任务需要。应急调拨时,应当由主要负责人批准。

第三十六条 各级公安机关对收回超范围、超标准配备枪支和报废枪支的型号、枪号、数量及超过有效期弹药的品种、数量,应当进行严格登记备案。

省级公安机关应当每年组织对收回、报废枪支集中销毁,所需经费纳入武器装备经费预算。

第八章 监督检查

第三十七条 上级公安机关应当对下级公安机关公务用枪管理工作进行定期检查或者不定期抽查。县级以上公安机关应当每年度向上一级公安机关报告公务用枪管理工作情况。

各级公安机关公务用枪管理委员会应当每半年组织对所属配枪部门公务用枪管理工作进行检查,并对检查情况及时通报。

各级公安机关所属枪支管理职能部门、配枪部门应当每季度将公务用枪管理工作情况,向所属公安机关公务用枪管理委员会作出书面报告。

第三十八条 监督检查公务用枪管理工作的主要内容是:

(一)按照《公务用枪配备办法》配备公务用枪情况,是否存在超范围、超标准配备问题;

(二)建立配枪民警、公务用枪管理档案、台账情况,维护、使用《全国枪支管理信息系统》情况;

(三)配枪民警日常教育和训练、考核情况,实弹射击训练用弹量是否符合要求,更换、增加配枪种类时的培训考核情况;

(四)配置枪支弹药库(室、柜)情况,是否符合标准要求,是否落实值守、双人双锁管理制度,是否定期进行安全检查;

(五)执行枪支领取、交还制度情况,民警个人保管枪支的安全管理情况,是否存在逾期不交还枪支的情况;

(六)枪支维护、保养情况,是否存在使用过期弹药行为;

(七)依法依规需要检查的其他事项。

第三十九条 各级公安机关及其公务用枪管理委员会组织进行监督检查时,可以行使以下职权:

(一)调阅有关档案、台账,向相关人员了解情况;

(二)对违规问题、安全隐患,予以当场纠正或者限期改正;

(三)对涉嫌违纪违法的,组织查处或者移交有关部门处理。

第四十条 监督检查人员应当对实施检查的时间、地点、内容、发现的问题以及处置等情况,作出书面记录,由检查人员、被检查配枪部门或者公安机关负责人签字确认。

第四十一条 对公务用枪管理制度落实、管理措施有力的,应当给予表扬或者依照有关规定予以表彰奖励;对管理制度不落实、问题隐患突出的,应当给予通报批评或者依照有关规定对责任人予以问责。

第九章　纪律责任

第四十二条　各级公安机关及其所属配枪部门有下列行为之一的,在调查期间可以对有关责任人采取停止执行职务、禁闭的措施。调查结束后视情给予通报批评、调离岗位等组织处理;构成违纪的,给予相应的纪律处分;构成犯罪的,移送司法机关追究刑事责任:

(一)违反《公务用枪配备办法》规定配备枪支的;
(二)不按规定对所配枪支加载电子枪证的;
(三)未按规定储存、保管枪支的;
(四)未按规定落实枪支弹药库(室、柜)值守制度的;
(五)不执行枪支领取、交还审批登记制度的;
(六)擅自购置枪支的;
(七)不上缴报废枪支的;
(八)未有效履行公务用枪管理职责造成后果的;
(九)法律、法规和规章规定的其他情形。

第四十三条　各级公安机关所属枪支管理职能部门有下列行为之一的,在调查期间可以对有关责任人采取停止执行职务、禁闭的措施。调查结束后视情给予通报批评、调离岗位等组织处理;构成违纪的,给予相应的纪律处分;构成犯罪的,移送司法机关追究刑事责任:

(一)未按规定配备、调拨公务用枪的;
(二)未按规定对配枪民警进行条件审查或者训练、考核的;
(三)未按规定取消民警配枪资格、收回持枪证的;
(四)未按规定制作枪弹痕迹、核发持枪证或者组织加载电子枪证的;
(五)未按规定编制、审核公务用枪年度购置计划的;
(六)未有效履行公务用枪管理职责造成后果的;
(七)法律、法规和规章规定的其他情形。

第四十四条　配枪民警、枪管员、枪械员违反本规定,在调查期间可以对其采取停止执行职务、禁闭的措施。待调查结束后视情给予通报批评、调离岗位等组织处理;构成违纪的,给予相应的纪律处分;构成犯罪的,移送司法机关追究刑事责任。

第十章　附　则

第四十五条　公务用枪配用弹药的管理,适用本规定。
第四十六条　列入公安机关序列的人民武装警察部队的枪支管理,参照本规定执行。
第四十七条　省级公安机关可以根据本规定,结合本地实际,制定实施细则并报公安部备案。
第四十八条　本规定自2015年5月1日起施行。此前有关规定与本规定不一致的,以本规定为准。

附件四

《中华人民共和国枪支管理法》

第一章 总 则

第一条 为了加强枪支管理,维护社会治安秩序,保障公共安全,制定本法。

第二条 中华人民共和国境内的枪支管理,适用本法。

对中国人民解放军、中国人民武装警察部队和民兵装备枪支的管理,国务院、中央军事委员会另有规定的,适用有关规定。

第三条 国家严格管制枪支。禁止任何单位或者个人违反法律规定持有、制造(包括变造、装配)、买卖、运输、出租、出借枪支。

国家严厉惩处违反枪支管理的违法犯罪行为。任何单位和个人对违反枪支管理的行为有检举的义务。国家对检举人给予保护,对检举违反枪支管理犯罪活动有功的人员,给予奖励。

第四条 国务院公安部门主管全国的枪支管理工作。县级以上地方各级人民政府公安机关主管本行政区域内的枪支管理工作。上级人民政府公安机关监督下级人民政府公安机关的枪支管理工作。

第二章 枪支的配备和配置

第五条 公安机关、国家安全机关、监狱、劳动教养机关的人民警察,人民法院的司法警察,人民检察院的司法警察和担负案件侦查任务的检察人员,海关的缉私人员,在依法履行职责时确有必要使用枪支的,可以配备公务用枪。

国家重要的军工、金融、仓储、科研等单位的专职守护、押运人员在执行守护、押运任务时确有必要使用枪支的,可以配备公务用枪。

配备公务用枪的具体办法,由国务院公安部门会同其他有关国家机关按照严格控制的原则制定,报国务院批准后施行。

第六条 下列单位可以配置民用枪支:

(一)经省级人民政府体育行政主管部门批准专门从事射击竞技体育运动的单位、经省级人民政府公安机关批准的营业性射击场,可以配置射击运动枪支;

(二)经省级以上人民政府林业行政主管部门批准的狩猎场,可以配置猎枪;

(三)野生动物保护、饲养、科研单位因业务需要,可以配置猎枪、麻醉注射枪。

猎民在猎区、牧民在牧区,可以申请配置猎枪。猎区和牧区的区域由省级人民政府划定。

配置民用枪支的具体办法,由国务院公安部门按照严格控制的原则制定,报国务院批准后施行。

第七条 配备公务用枪,由国务院公安部门统一审批。

配备公务用枪时,由国务院公安部门或者省级人民政府公安机关发给公务用枪持枪证件。

第八条 专门从事射击竞技体育运动的单位配置射击运动枪支,由国务院体育行政主管部门提出,由国务院公安部门审批。营业性射击场配置射击运动枪支,由省级人民政府公安机关报国务院公安部门批准。

配置射击运动枪支时,由省级人民政府公安机关发给民用枪支持枪证件。

第九条 狩猎场配置猎枪,凭省级以上人民政府林业行政主管部门的批准文件,报省级以上人民政府公安机关审批,由设区的市级人民政府公安机关核发民用枪支配购证件。

第十条 野生动物保护、饲养、科研单位申请配置猎枪、麻醉注射枪的,应当凭其所在地的县级人民政府野生动物行政主管部门核发的狩猎证或者特许猎捕证和单位营业执照,向所在地的县级人民政府公安机关提出;猎民申请配置猎枪的,应当凭其所在地的县级人民政府野生动物行政主管部门核发的狩猎证和个人身份证件,向所在地的县级人民政府公安机关提出;牧民申请配置猎枪的,应当凭个人身份证件,向所在地的县级人民政府公安机关提出。

受理申请的公安机关审查批准后,应当报请设区的市级人民政府公安机关核发民用枪支配购证件。

第十一条 配购猎枪、麻醉注射枪的单位和个人,必须在配购枪支后三十日内向核发民用枪支配购证件的公安机关申请领取民用枪支持枪证件。

第十二条 营业性射击场、狩猎场配置的民用枪支不得携带出营业性射击场、狩猎场。

猎民、牧民配置的猎枪不得携带出猎区、牧区。

第三章 枪支的制造和民用枪支的配售

第十三条 国家对枪支的制造、配售实行特别许可制度。未经许可,任何单位或者个人不得制造、买卖枪支。

第十四条 公务用枪,由国家指定的企业制造。

第十五条 制造民用枪支的企业,由国务院有关主管部门提出,由国务院公安部门确定。

配售民用枪支的企业,由省级人民政府公安机关确定。

制造民用枪支的企业,由国务院公安部门核发民用枪支制造许可证件。配售民用枪支的企业,由省级人民政府公安机关核发民用枪支配售许可证件。

民用枪支制造许可证件、配售许可证件的有效期为三年;有效期届满,需要继续制造、配售民用枪支的,应当重新申请领取许可证件。

第十六条 国家对制造、配售民用枪支的数量,实行限额管理。

制造民用枪支的年度限额,由国务院林业、体育等有关主管部门、省级人民政府公安机关提出,由国务院公安部门确定并统一编制民用枪支序号,下达到民用枪支制造企业。

配售民用枪支的年度限额,由国务院林业、体育等有关主管部门、省级人民政府公安机关提出,由国务院公安部门确定并下达到民用枪支配售企业。

第十七条 制造民用枪支的企业不得超过限额制造民用枪支,所制造的民用枪支必

武器使用

须全部交由指定的民用枪支配售企业配售，不得自行销售。配售民用枪支的企业应当在配售限额内，配售指定的企业制造的民用枪支。

第十八条　制造民用枪支的企业，必须严格按照国家规定的技术标准制造民用枪支，不得改变民用枪支的性能和结构；必须在民用枪支指定部位铸印制造厂的厂名、枪种代码和国务院公安部门统一编制的枪支序号，不得制造无号、重号、假号的民用枪支。

制造民用枪支的企业必须实行封闭式管理，采取必要的安全保卫措施，防止民用枪支以及民用枪支零部件丢失。

第十九条　配售民用枪支，必须核对配购证件，严格按照配购证件载明的品种、型号和数量配售；配售弹药，必须核对持枪证件。民用枪支配售企业必须按照国务院公安部门的规定建立配售账册，长期保管备查。

第二十条　公安机关对制造、配售民用枪支的企业制造、配售、储存和账册登记等情况，必须进行定期检查；必要时，可以派专人驻厂对制造企业进行监督、检查。

第二十一条　民用枪支的研制和定型，由国务院有关业务主管部门会同国务院公安部门组织实施。

第二十二条　禁止制造、销售仿真枪。

第四章　枪支的日常管理

第二十三条　配备、配置枪支的单位和个人必须妥善保管枪支，确保枪支安全。

配备、配置枪支的单位，必须明确枪支管理责任，指定专人负责，应当有牢固的专用保管设施，枪支、弹药应当分开存放。对交由个人使用的枪支，必须建立严格的枪支登记、交接、检查、保养等管理制度，使用完毕，及时收回。

配备、配置给个人使用的枪支，必须采取有效措施，严防被盗、被抢、丢失或者发生其他事故。

第二十四条　使用枪支的人员，必须掌握枪支的性能，遵守使用枪支的有关规定，保证枪支的合法、安全使用。使用公务用枪的人员，必须经过专门培训。

第二十五条　配备、配置枪支的单位和个人必须遵守下列规定：

（一）携带枪支必须同时携带持枪证件，未携带持枪证件的，由公安机关扣留枪支；

（二）不得在禁止携带枪支的区域、场所携带枪支；

（三）枪支被盗、被抢或者丢失的，立即报告公安机关。

第二十六条　配备公务用枪的人员不再符合持枪条件时，由所在单位收回枪支和持枪证件。

配置民用枪支的单位和个人不再符合持枪条件时，必须及时将枪支连同持枪证件上缴核发持枪证件的公安机关；未及时上缴的，由公安机关收缴。

第二十七条　不符合国家技术标准、不能安全使用的枪支，应当报废。配备、持有枪支的单位和个人应当将报废的枪支连同持枪证件上缴核发持枪证件的公安机关；未及时上缴的，由公安机关收缴。报废的枪支应当及时销毁。

销毁枪支，由省级人民政府公安机关负责组织实施。

第二十八条　国家对枪支实行查验制度。持有枪支的单位和个人，应当在公安机关指定的时间、地点接受查验。公安机关在查验时,必须严格审查持枪单位和个人是否符合本法规定的条件,检查枪支状况及使用情况;对违法使用枪支、不符合持枪条件或者枪支应当报废的,必须收缴枪支和持枪证件。拒不接受查验的,枪支和持枪证件由公安机关收缴。

第二十九条　为了维护社会治安秩序的特殊需要,经国务院公安部门批准,县级以上地方各级人民政府公安机关可以对局部地区合法配备、配置的枪支采取集中保管等特别管制措施。

第五章　枪支的运输

第三十条　任何单位或者个人未经许可,不得运输枪支。需要运输枪支的,必须向公安机关如实申报运输枪支的品种、数量和运输的路线、方式,领取枪支运输许可证件。在本省、自治区、直辖市内运输的,向运往地设区的市级人民政府公安机关申请领取枪支运输许可证件;跨省、自治区、直辖市运输的,向运往的省级人民政府公安机关申请领取枪支运输许可证件。

没有枪支运输许可证件的,任何单位和个人都不得承运,并应当立即报告所在地公安机关。

公安机关对没有枪支运输许可证件或者没有按照枪支运输许可证件的规定运输枪支的,应当扣留运输的枪支。

第三十一条　运输枪支必须依照规定使用安全可靠的封闭式运输设备,由专人押运;途中停留住宿的,必须报告当地公安机关。

运输枪支、弹药必须依照规定分开运输。

第三十二条　严禁邮寄枪支,或者在邮寄的物品中夹带枪支。

第六章　枪支的入境和出境

第三十三条　国家严格管理枪支的入境和出境。任何单位或者个人未经许可,不得私自携带枪支入境、出境。

第三十四条　外国驻华外交代表机构、领事机构的人员携带枪支入境,必须事先报经中华人民共和国外交部批准;携带枪支出境,应当事先照会中华人民共和国外交部,办理有关手续。

依照前款规定携带入境的枪支,不得携带出所在的驻华机构。

第三十五条　外国体育代表团入境参加射击竞技体育活动,或者中国体育代表团出境参加射击竞技体育活动,需要携带射击运动枪支入境、出境的,必须经国务院体育行政主管部门批准。

第三十六条　本法第三十四条、第三十五条规定以外的其他人员携带枪支入境、出境,应当事先经国务院公安部门批准。

第三十七条　经批准携带枪支入境的,入境时,应当凭批准文件在入境的边防检查站办理枪支登记,申请领取枪支携运许可证件,向海关申报,海关凭枪支携运许可证件放行;到达目的地后,凭枪支携运许可证件向设区的市级人民政府公安机关申请换发持枪证件。

武器使用

经批准携带枪支出境的,出境时,应当凭批准文件向出境地海关申报,边防检查站凭批准文件放行。

第三十八条　外国交通运输工具携带枪支入境或者过境的,交通运输工具负责人必须向边防检查站申报,由边防检查站加封,交通运输工具出境时予以启封。

第七章　法律责任

第三十九条　违反本法规定,未经许可制造、买卖或者运输枪支的,依照刑法第一百一十二条和《全国人民代表大会常务委员会关于严惩严重危害社会治安的犯罪分子的决定》的规定追究刑事责任。

单位有前款行为的,对单位判处罚金,并对其直接负责的主管人员和其他直接责任人员依照刑法第一百一十二条的规定追究刑事责任。

第四十条　依法被指定、确定的枪支制造企业、销售企业,违反本法规定,有下列行为之一的,对单位判处罚金,并对其直接负责的主管人员和其他直接责任人员依照刑法第一百一十二条的规定追究刑事责任;公安机关可以责令其停业整顿或者吊销其枪支制造许可证、枪支配售许可证件:

(一)超过限额或不按照规定的品种制造、配售枪支的;

(二)制造无号、重号、假号的枪支的;

(三)私自销售枪支或者在境内销售为出口制造的枪支的。

第四十一条　违反本法规定,非法持有、私藏枪支的,依照刑法第一百六十三条的规定追究刑事责任。

非法运输、携带枪支入境、出境的,依照《全国人民代表大会常务委员会关于惩治走私罪的补充规定》追究刑事责任。

第四十二条　违反本法规定,运输枪支未使用安全可靠的运输设备、不设专人押运、枪支弹药未分开运输或者运输途中停留住宿不报告公安机关,情节严重的,比照刑法第一百八十七条的规定追究刑事责任;未构成犯罪的,由公安机关对直接责任人员处十五日以下拘留。

第四十三条　违反枪支管理规定,出租、出借公务用枪的,比照刑法第一百八十七条的规定处罚。

单位有前款行为的,对其直接负责的主管人员和其他直接责任人员依照前款规定处罚。

配置民用枪支的单位,违反枪支管理规定,出租、出借枪支,造成严重后果或者有其他严重情节的,对其直接负责的主管人员和其他直接责任人员比照刑法第一百八十七条的规定处罚。

配置民用枪支的个人,违反枪支管理规定,出租、出借枪支,造成严重后果的,比照刑法第一百六十三条的规定处罚。

违反枪支管理规定,出租、出借枪支,情节轻微未构成犯罪的,由公安机关对个人或者单位负有直接责任的主管人员和其他直接责任人员处十五日以下拘留,可以并处五千元以下罚款;对出租、出借的枪支,应当予以没收。

第四十四条　违反本法规定,有下列行为之一的,由公安机关对个人或者单位负有直接责任的主管人员和其他直接责任人员处警告或者十五日以下拘留;构成犯罪的,依法追究刑事责任:

（一）未按照规定的技术标准制造民用枪支的;
（二）在禁止携带枪支的区域、场所携带枪支的;
（三）不上缴报废枪支的;
（四）枪支被盗、被抢或者丢失,不及时报告的;
（五）制造、销售仿真枪的。

有前款第（一）项至第（三）项所列行为的,没收其枪支,可以并处五千元以下罚款;有前款第（五）项所列行为的,由公安机关、工商行政管理部门按照各自职责范围没收其仿真枪,可以并处制造、销售金额五倍以下的罚款,情节严重的,由工商行政管理部门吊销营业执照。

第四十五条　公安机关工作人员有下列行为之一的,依法追究刑事责任;未构成犯罪的,依法给予行政处分:

（一）向本法第五条、第六条规定以外的单位和个人配备、配置枪支的;
（二）违法发给枪支管理证件的;
（三）将没收的枪支据为己有的;
（四）不履行枪支管理职责,造成后果的。

第八章　附　则

第四十六条　本法所称枪支,是指以火药或者压缩气体等为动力,利用管状器具发射金属弹丸或者其他物质,足以致人伤亡或者丧失知觉的各种枪支。

第四十七条　单位和个人为开展游艺活动,可以配置口径不超过4.5毫米的气步枪。具体管理办法由国务院公安部门制定。

制作影视剧使用的道具枪支的管理办法,由国务院公安部门会同国务院广播电影电视行政主管部门制定。

博物馆、纪念馆、展览馆保存或者展览枪支的管理办法,由国务院公安部门会同国务院有关行政主管部门制定。

第四十八条　制造、配售、运输枪支的主要零部件和用于枪支的弹药,适用本法的有关规定。

第四十九条　枪支管理证件由国务院公安部门制定。

第五十条　本法自1996年10月1日起施行。